世界を変えた！

日本の発明品

スゴイゾニッポン

30選

監修 ルース・マリー・ジャーマン

もくじ

1章

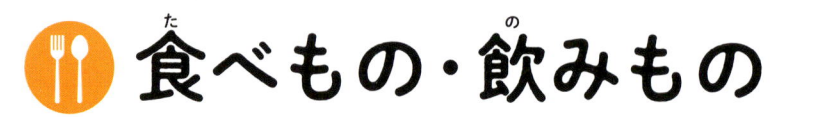 食べもの・飲みもの

2章

 家の中のもの

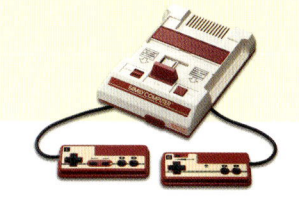

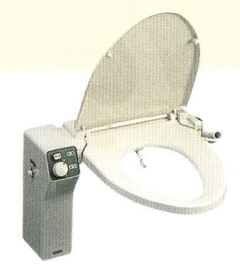

3章

 街にあるもの

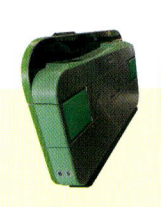

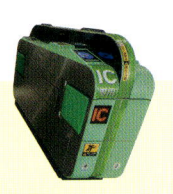

この本の使い方

この本では、身近にあるもので、
実は日本生まれのもの30点を紹介しています。

どんな発明品？

各発明品の簡単な説明をしています。

食べもの・飲みもの | 01

インスタントラーメン

熱湯を注いだり、鍋で煮たりするだけで、
手間をかけずに食べられる「インスタントラーメン」。
その始まりは、日本の安藤百福さんが研究・開発して
発売した「チキンラーメン」でした。
すぐに食べられ、おいしい「チキンラーメン」は、
「魔法のラーメン」として日本中に広まりました。

家で手軽に食べられるラーメンを作りたい

終戦直後の食べ物が少ないころ、安藤百福さん
は、ラーメンの屋台に大勢の人が列を作っている
のを見て、家で手軽に食べられるラーメンが作れ
ないかと考えました。1957年、安藤さんはおい
しく、調理が簡単で安く、長く保存でき、しかも
衛生的で安全なラーメンの開発を始めました。

麺の乾燥方法を発明

長く保存できて、熱湯を注ぐだけで食べられる
ようにするための麺の乾燥方法はなかなか見つけ
られませんでした。そこで、安藤さんは丸1年間
たった1人で1日の休みもなく研究を続けまし
た。あるとき麺を油で揚げればよいことに気づ
き、やがて「チキンラーメン」が完成しました。

おくさんがてんぷらを揚げるのを見て、麺を油で揚げる方法がひらめいたんだって。

うどん1玉よりとても軽いものだったよ。

お湯かけ3分、お鍋で1分。

元祖鶏ガラ チキンラーメン

The Origin Of Instant Ramen Since 1958

すごおいしい、すごくおいしい。

1958年 誕生

日清食品「チキンラーメン」が発売される。価格は1袋35円だった。

1963年 種類が増える

日清食品「日清焼そば」、東洋水産「マルちゃん　たぬきそば」、エースコック「ワンタンメン」が発売される。

1971年 カップ麺の登場

世界初の、カップに入ったカップ麺が登場。日清食品「カップヌードル」が発売。

1章 食べもの・飲みもの

発明のきっかけ、苦労や挑戦

各発明品がどのようなひらめきやきっかけで
発明され、どのような苦労や挑戦を経て
誕生したかを紹介しています。

進化の様子

どのように進化し、広まっていった
かを段階を追って紹介しています。

スゴいところ

各発明品の、特にスゴい（スゴかった）ところやこだわりを紹介しています。

世界での活躍

各発明品が世界でどのように活躍しているか、世界にどんな影響を与えているかについて紹介しています。

【 本書の注意事項 】
・本書で解説した内容には、諸説ある場合があります。
・この本で取り上げたデータは、2024年11月現在のものです。

はじめに

「イノベーション」という言葉を聞いたことがありますか？

日本語では「革新」や「刷新」と訳しますが、私が思うにこれは、一人ひとりが自分の「想像力」を生かして、今までなかった新しいものを生み出す力のことです。

日本人はこれまでにたくさんのイノベーションをしてきました。そして、日本人が発明した食べ物や便利なものは世界中に広がり、多くの人を笑顔にし、助けてきました。

例えば、私が育ったハワイでは木造の家が多く、よくゴキブリが出ていました。そのたびに母が「キャアア！」と叫んでいましたが、日本から「ごきぶりホイホイ」がやってきて、私たちの生活はゴキブリから守られ、安心で快適になりました。世界中の人々から、日本の発明者に「サンキューベリマッチ！」という感謝の気持ちが寄せられているかもしれません。

他にも、ビーチサンダルやノートパソコン、電卓など、私たちの日常生活に役立つものは、日本人の「イノベーション」の力で生まれました。インスタントラーメンや菓子パンなども大人気で、私も、ハワイにいる弟も大好物です。また、父は来日するとすぐに「缶コーヒーが飲みたい！」と言いますし、ニューヨークに住んでいる友人は、家に「ウォシュレット」を取り付けて自慢しています。

この本に登場する発明品がすべて日本発祥だと海外の友達に伝えると、みんな「ワオ！　素晴らしい！」と驚きます。この本を読めば、そんなイノベーションの数々をよく知ることができるでしょう。

みなさんも自由な発想を大切にして、自分なりの新しいイノベーションをしてみませんか？　先人たちの活躍に学び、自分の考える力を活かせば、きっと世界中の人々をもっとハッピーにできるはずです。私はそう確信しています！

You can do it! (あなたならできる！)

監修

ルース・マリー・ジャーマン

米国ノースカロライナ州生まれハワイ州育ち。1988年に来日して以来、日本在住。コンサルタントとして、日本と海外の架け橋となり幅広く活躍。

1章
しょう

食べもの・飲みもの
た　　　　　　　　　　　の

インスタント ラーメン

熱湯を注いだり、鍋で煮たりするだけで、
手間をかけずに食べられる「インスタントラーメン」。
その始まりは、日本の安藤百福さんが研究・開発して
発売した「チキンラーメン」でした。
すぐに食べられ、おいしい「チキンラーメン」は、
「魔法のラーメン」として日本中に広まりました。

家で手軽に食べられる ラーメンを作りたい

終戦直後の食べ物が少ないころ、安藤百福さん
は、ラーメンの屋台に大勢の人が列を作っている
のを見て、家で手軽に食べられるラーメンが作れ
ないかと考えました。1957年、安藤さんはおい
しく、調理が簡単で安く、長く保存でき、しかも
衛生的で安全なラーメンの開発を始めました。

麺の乾燥方法を発明

長く保存できて、熱湯を注ぐだけで食べられる
ようにするための麺の乾燥方法はなかなか見つけ
られませんでした。そこで、安藤さんは丸1年間
たった1人で1日の休みもなく研究を続けまし
た。あるとき麺を油で揚げればよいことに気づ
き、やがて「チキンラーメン」が完成しました。

おくさんがてんぷらを
揚げるのを見て、麺を
油で揚げる方法がひ
らめいたんだって。

うどん1玉（たま）よりとても高（たか）いものだったよ。

↑開け口

3分、お鍋で1分。

鳥ガラ ラーメン

すぐおいしい、すごくおいしい。

JAS
日即食協
No. 17

nstant Ramen
1958

1958年（ねん）

誕生（たんじょう）

日清食品（にっしんしょくひん）
「チキンラーメン」が
発売（はつばい）される。価格（かかく）は
1袋35円（ふくろ えん）だった。

1963年（ねん） 種類（しゅるい）が増（ふ）える

日清食品（にっしんしょくひん）「日清焼そば（にっしんやき）」、
東洋水産（とうようすいさん）「マルちゃん　たぬきそば」、
エースコック「ワンタンメン」が発売（はつばい）される。

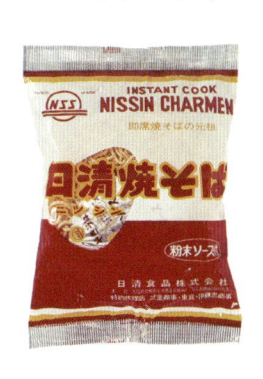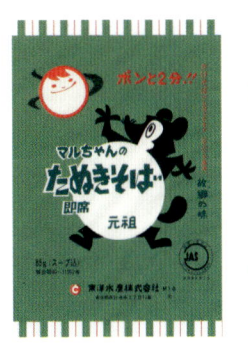

1971年（ねん）

カップ麺（めん）の登場（とうじょう）

世界初（せかいはつ）の、カップに入（はい）った
カップ麺（めん）が登場（とうじょう）。
日清食品（にっしんしょくひん）
「カップヌードル」が発売（はつばい）。

ここが

スゴい！

手軽でおいしい

麺に味を染み込ませているので、粉末スープなどがいらず、お湯で麺を戻すだけでおいしく食べられる。

長期保存できる

麺を油で揚げて乾燥させており、品質を損なわず長い間保存できる。

どんぶりに収まりやすい円形だね。

たった3分でできる

麺を器に入れ、お湯を注いでふたをすれば3分で（発売当時は2分）、鍋で煮ればわずか1分でできあがる。

宇宙食になった

2005年に世界初の宇宙食ラーメン「スペース・ラム」が、野口聡一宇宙飛行士とともに、スペースシャトルで宇宙に飛び立った。

乾燥麺が柔らかくなるしくみ

麺を高温の油に入れると、麺の水分が一気に蒸発して小さな穴がたくさん空き、ほぼ完全に乾燥した状態になります。お湯を注ぐと、穴からお湯が吸い込まれ、元の柔らかい麺に戻ります。

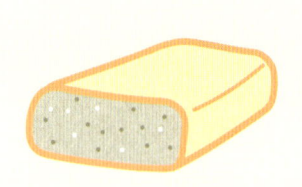

蒸した麺。

油に入れると水分が抜け、たくさんの穴が空く。

穴にお湯が入り、短時間で元の柔らかい麺に戻る。

世界を変えた！

インスタントラーメンを日本よりも食べている国がある？

日本のインスタントラーメンは、早くから海外に輸出されていました。1966（昭和41）年の時点では輸出額は約1億円と少なく、海外に住む日本人向けでした。その後、外国の人にも食べられるようになり、1968（昭和43）年ごろから輸出量が急増しました。

現在ではインスタントラーメンは62の国と地域に輸出され、中国や東南アジア、北アメリカや南アメリカ、アフリカなど多くの地域で愛されています。

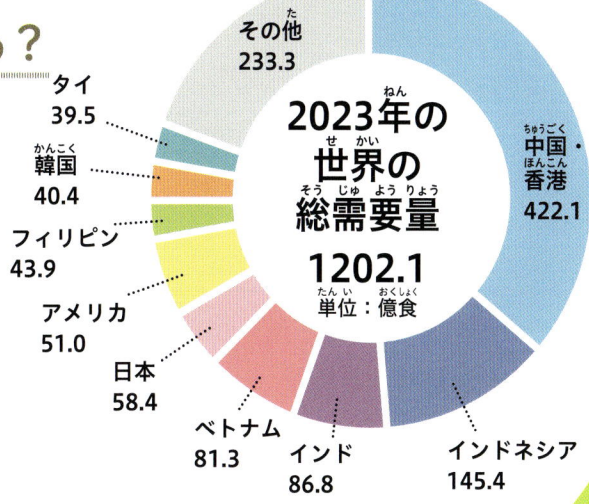

その他 233.3
タイ 39.5
韓国 40.4
フィリピン 43.9
アメリカ 51.0
日本 58.4
ベトナム 81.3
インド 86.8
インドネシア 145.4
中国・香港 422.1

2023年の
世界の
総需要量
1202.1
単位：億食

世界ラーメン協会（WINA）推定

アジアの国々でたくさん食べられているね。

タイで販売されている。トムヤムクン味。

ヨーロッパで販売されている。チキン味。

中国で販売されている。海鮮味。

インドで販売されている。マサラ（カレー）味。

国・地域に合わせたさまざまな味が登場

海外でも袋入りのインスタントラーメンとともに、より手軽に食べられるカップ麺タイプのインスタントラーメンが広まっています。

それぞれの国・地域で親しまれている味や食感を調査し、その地の人の好みに合わせて開発した商品を製造・販売しています。

パッケージも、国・地域によって違うね。

レトルト食品

お湯に入れて温めるだけで食べられるよ。

調理された料理を袋に入れて密封し、加圧しながら高温で殺菌した食品を「レトルト食品」といいます。
レトルト食品は常温でも長期間保存でき、食べるときもほとんど手間がかかりません。
世界で初めて一般の家庭向けに販売されたレトルト食品は、日本の食品会社が開発したものでした。

新しい保存食の技術の誕生

1958年、アメリカで、軍隊で使う缶詰に代わる保存食として、レトルト食品が開発されました。そんな中、日本の大塚食品は、1人前入りで、お湯で温めて食べられるカレー、だれでも失敗しないカレーを家庭向けに発売できないかと考えました。

「ボンカレー」を発売

大塚食品では、「常温で長期保存できること」と「保存料を使わないこと」を目標として、約4年間にわたり開発を続けました。殺菌に必要な加熱で中身が膨らみ、袋が破裂するなどの失敗を繰り返しながらも、1968年に3分間温めるだけで食べられる「ボンカレー」を完成させ、発売しました。

グループ会社の、輸液を滅菌する技術が役立ったんだ。

1968年

誕生

大塚食品「ボンカレー」が発売される。賞味期限は冬は3か月、夏は2か月だった。

1969年

アルミパウチ版が登場

アルミはくを使ったアルミパウチに入れられるようになり、賞味期限が約2年間に延びた。

牛肉・野菜入り
3分間で本場の味

大塚の
ボンカレー®

ボンカレー
ヒートパック
辛口

発売元
大塚食品工業株式会社
大阪市東淀川区新庄町1-17

180g 1人分

初代の「ボンカレー」は、半透明パウチに入っていたよ。

2003年

電子レンジ調理が可能に

箱ごと電子レンジに入れて温められるタイプの「ボンカレー」が登場した。

ここが スゴい！

長期保存できる

常温で長期間保存でき、おいしさも保たれるので、災害時の非常食としても利用できる。

すぐに食べられる

お湯や電子レンジで温めるだけで食べられるので、手間がかからない。

手軽でおいしくて保存もできるね。

種類が豊富

カレーだけでなく、牛丼やパスタソース、おでん、おかゆなど、多くの種類があり、さまざまな食事を楽しめる。

保存料を使わない

密閉したあとに高温で殺菌しているので保存料を使用しなくてすむ。

レトルト加工の方法

調理したカレーなどを、パウチと呼ばれる袋に入れて密封します。それを高温高圧処理ができるレトルト釜に入れて、細菌などを殺します。殺菌が終わったら、冷やして箱詰めします。

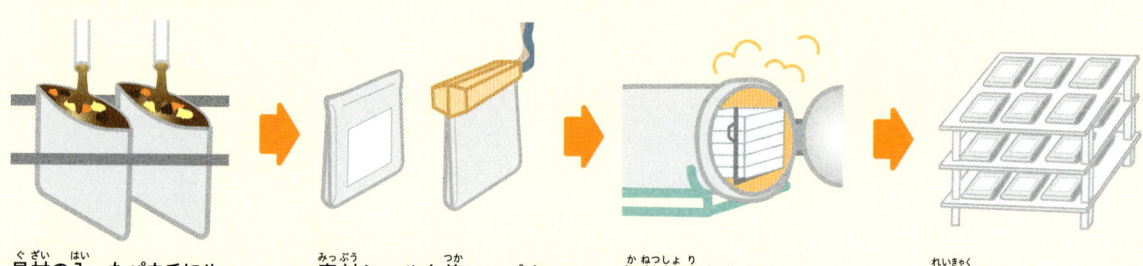

具材の入ったパウチにルーを加える。

密封シールを使い、パウチを封じる。

加熱処理をする。

冷却する。

世界を変えた！

世界中に広まるレトルト食品

大塚食品が世界で初めて市販のレトルト食品の開発に成功したため、その技術が日本国内に広がり、次々と発売する会社が増えました。その結果、日本では100社以上の企業で500種類以上のレトルト食品が販売されており、生産量は世界一です。そして、アジアやアメリカ、ヨーロッパ、オーストラリアなどでも作られるようになっています。

タイのスーパーのレトルトカレーコーナー。　サイネット

特にアジアで人気があるよ。

「日本のカレー」が世界でも大人気!?

タイにできた日本のカレーチェーン店。　Alamy/アフロ

カレーは、さまざまな香辛料を合わせて作られるインド生まれの食べ物ですが、日本で独自に発展し、「辛さが少なくスープが濃い」ことが特徴の「日本のカレー」は、世界で人気を集めています。「日本のカレー」はレトルト食品としても人気ですが、「日本のカレー専門店」が世界各地に進出しています。

インドのほか、タイなどにもカレーはあるけど、「日本のカレー」とは違う味だよ。

15

缶コーヒー

コンビニエンスストアや自動販売機で買えて、
手軽においしいコーヒーが楽しめる「缶コーヒー」。
コーヒーといえば、日本よりもヨーロッパや
アメリカなどでたくさん
飲まれているイメージがありますが、
実は缶コーヒーは日本生まれです。
UCC上島珈琲が開発して、
「UCC コーヒーミルク入り」という商品名で
世界で初めて缶コーヒーを発売しました。

喫茶店で飲むものだったコーヒー

コーヒーは、江戸時代末に、オランダから日本に伝わったといわれています。明治時代には喫茶店ができ、少しずつ広まりました。長い間コーヒーは喫茶店で飲むものでしたが、昭和時代には、ガラスびん入りのミルクコーヒー（コーヒー牛乳）が登場しました。

世界初の缶コーヒーが誕生

コーヒー好きだった上島忠雄さんが、ある日、駅の売店で買ったびん入りのミルクコーヒーを飲んでいたら、発車ベルが鳴り、容器を返却する必要があったために飲み残さなければなりませんでした。上島さんはこれをくやしがり、返却不要な容器入りのコーヒーの開発をしようと決意しました。しかし、ミルクコーヒーを金属缶に入れることは難しく、約1年かかってようやく完成しました。

駅の売店で売っていたガラスびん入りのミルクコーヒーは、飲み終えたら容器を売店に返さなければならなかったんだよ。

最初の缶は、自分で穴を2個開けて飲むタイプだったよ。

初代の缶を上から見たところ。

缶に穴を開けるための器具が付いていたよ。

缶に穴を開けているところ。

現在の缶コーヒー。

1969年

誕生

UCC上島珈琲「UCC コーヒーミルク入り」が発売される。1本70円だった。

1970年

爆発的に売れる

発売後しばらくはあまり売れなかったが、1970年の大阪万国博覧会（万博）で販売されると、爆発的に売れるようになった。

〜現在　高い人気を保つ

時代に合わせて味やパッケージのデザインを変えながら販売され続けている。

初代　2代目　3代目　4代目　5代目　6代目　7代目　8代目　9代目　10代目

ここが スゴかった！

ミルクとコーヒーが一体に

缶の中で、ミルクとコーヒーがうまく溶け合わず分かれてしまう問題があったが、コーヒーとミルクの粒を小さくし、均一に混ぜ合わせることで解決した。

コーヒーを変色させない缶

缶の鉄分のために、コーヒーが真っ黒になってしまう問題があったが、缶の内側を特別コーティングして防いでいる。

おいしいまま飲める

長期保存のために高温殺菌すると味が悪くなる問題があったが、おいしさを保つ原料（コーヒー、ミルク、砂糖）の割合を見つけ、防ぐことができた。

ホットでもアイスでもおいしいね。

ホットでもアイスでも

温かくしても冷やしてもおいしく飲める。

缶コーヒーができるまで

喫茶店などで作るのと同じように、コーヒー豆からコーヒーを作ります。
その後、缶に入れますが、香りや味を損なわないように工夫しています。

豆の加工
コーヒー豆を焙煎（火で煎る）して粉にする。

コーヒー液作り
お湯を注いでコーヒー液を作り、ミルクや砂糖を混ぜる。

充てん
品質の検査をして、よく洗った缶に入れる。

殺菌・冷却
熱を加えて殺菌し、冷やす。5〜7日して成分が安定してから出荷する。

世界を変えた！

アイスコーヒーも日本生まれ？

アイスコーヒーも、日本で生まれたものといわれています。電気冷蔵庫がまだなかった明治時代、夏を涼しく過ごすため、コーヒーをガラスびんに詰めて井戸水に浸け、冷やして飲んだことが始まりとされています。

欧米では「コーヒーは香りを楽しむもの」と考えられ、氷を入れることで香りが弱まるアイスコーヒーは作られませんでした。しかし、最近では水出しアイスコーヒーの登場などで、大手コーヒーチェーンを中心に欧米でもアイスコーヒーが提供されています。

スペインのアイスコーヒー　　　　　サイネット

スペインでは、アイスコーヒーを頼むと熱いエスプレッソと氷が入ったグラスが出てくるんだって！

手軽に缶コーヒーが飲めるのは日本だけ!?

街中あちこちにたくさんの自動販売機が置かれているのは日本くらいだといわれています。缶コーヒー自体も海外ではなかなか手に入りません。

日本では自動販売機などでいつでも缶コーヒーが買え、種類が豊富でおいしく、ホットかアイスかを選ぶことができます。日本を訪れる外国人で、便利さに感激する人が少なくありません。

自動販売機で売られている缶コーヒーなどの飲料。　　©PIXTA

海外には自動販売機が少ないから、外国人は日本の自動販売機の数に驚くそうだよ。

アフロ

19

クロマグロの刺身は最高だね！

完全養殖クロマグロ

天然の魚は、大量に獲ると数が減り、絶滅するおそれがあります。
魚をよく食べる日本では、卵から成魚まで人工的に育てる
完全養殖の技術が進みました。
完全養殖が難しい魚だった、高級魚のクロマグロの完全養殖に、
近畿大学水産研究所が、世界で初めて成功し、
「近大マグロ」として出荷しています。

とてもデリケートな魚だから養殖が難しかったんだね。

「海のダイヤ」と呼ばれる魚

本マグロとも呼ばれるクロマグロは、マグロの仲間で最大で、最もおいしいと言われ、「海のダイヤ」と呼ばれることもあります。マグロ資源の安定供給のために、近畿大学水産研究所は、1970年にクロマグロの養殖技術の研究開発を始めました。

成功までに32年

生まれて間もないクロマグロの稚魚（子どもの魚）は皮膚が弱く、手で触っただけで死んでしまいます。また、光や音などに敏感で、それらの刺激に驚いていけすの壁にぶつかって傷つくこともあります。完全養殖はたいへん難しく、成功したのは研究開始の32年後でした。

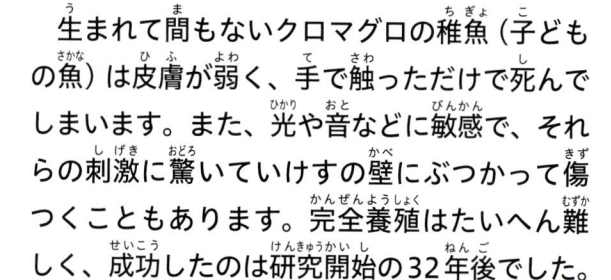

1970年

研究の始まり

近畿大学水産研究所がマグロの養殖技術開発に関する研究を始める。

1979年

卵を採ることに成功

世界で初めて、クロマグロの卵を採ることに成功。完全養殖の達成に近づく。

2004年

初めての出荷

2002年に完全養殖に成功。2004年に初めて出荷した。

出荷されるクロマグロには、高品質を保証する"卒業証書"が付く。

ここが
スゴい！

品質がそろっている

栄養を管理して育てているため、赤身、中トロ、大トロのバランスがよく、天然ものに比べて品質のばらつきが少ない。

天然のクロマグロを守る

卵から育てた稚魚を養殖しているので、天然のクロマグロの稚魚を守ることになる。

海の資源が守られる。

余すことなく活用

近大マグロは、刺身で食べるほか、余った肉や骨を残さず利用して、みそ汁やせんべいなどの商品が作られている。

料理店で出される刺身には、近大マグロの証明書が付いている。

中骨エキス入りのみそ汁。

刺身にしない部分を使ったせんべい。

完全養殖の方法

天然の幼魚（若い魚）を捕まえて、産卵する成魚になるまでいけすで育てます。次に産卵した卵を集めてふ化（卵からかえること）させます。この仔魚から稚魚→幼魚→成魚と育った親からの仔魚がさらに育てられてゆくサイクルを、完全養殖といいます。

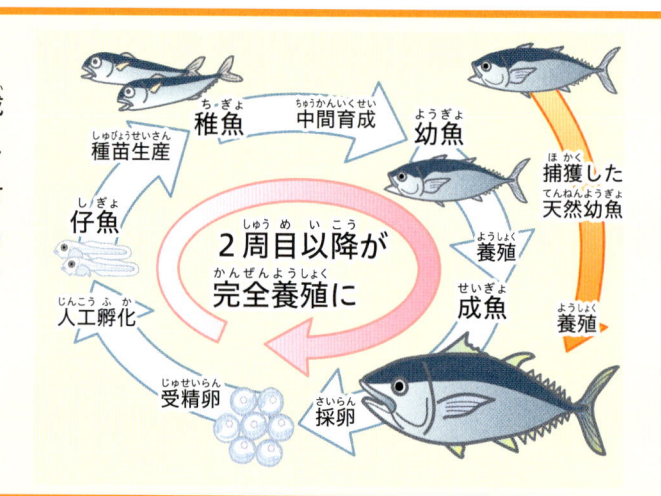

稚魚　中間育成　幼魚　種苗生産　捕獲した天然幼魚　仔魚　養殖　人工孵化　2周目以降が完全養殖に　成魚　受精卵　採卵　養殖

世界を変えた！

日本のマグロ食が世界でもブームに

かつては、日本のように生の魚を食べる国・地域はほとんどありませんでした。しかし、日本食が健康的でおいしいと紹介されたことにより、すしや刺身が世界各地に広まりました。それにともなって、マグロの消費量も増える傾向にあります。限りある資源を減らすことなく、持続可能な利用のしかたを考えていかなければなりません。

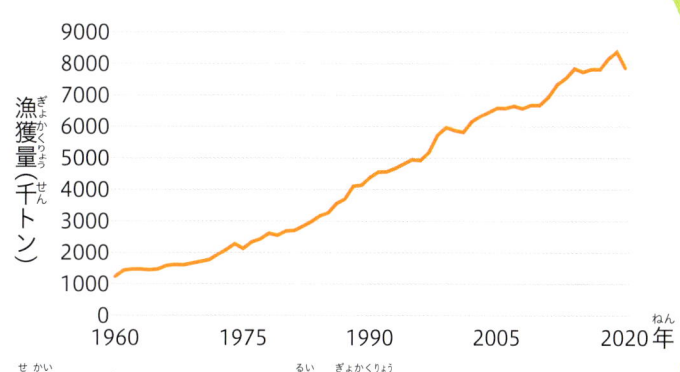

世界のマグロ・カツオ・カジキ類の漁獲量。（令和3年度　水産白書）

需要が増えたから、日本でもマグロの値段は上がっているんだよ。

今では世界共通語になった「sushi」

マグロなど、生の魚を使う日本食であるすしは、ヘルシーでおいしいと、海外でも好まれるようになりました。
今では、「sushi」は世界で通じる料理名となっています。ただ、日本ではあまり使われないアボカドやレタスなどがすしネタとして使われることがあります。アメリカで生まれたカリフォルニアロールというすしは、日本に逆輸入され人気となっています。

カリフォルニアロール。サーモンやアボカドなどを具材として、のりを内側にして巻いたすし。　　　©PIXTA

アメリカではなじみがない、黒いのりを、目立たないように内側にしたと言われているよ。

日本の食卓には欠かせない！

しょうゆ

刺身などの料理や、煮物の味付けなどに使う、
和食に欠かせない調味料のしょうゆは、
日本で発達しました。
江戸時代からは多くの人々が使うようになり、
現在も日本の代表的な調味料の一つです。
日本のしょうゆは江戸時代から輸出され、
1970年代からは海外でも
生産されるようになっています。

大豆から作る発酵食品

しょうゆは、大豆、小麦、食塩を原料として、こうじ菌などの微生物の働きを利用して発酵（微生物が原料を分解すること）させて作る調味料です。発酵によって、よい香りやうま味、あま味などが生まれます。

関東でもしょうゆが

作られ始める

江戸時代前期まで、文化の中心は関西地方で、しょうゆも関西のものが品質が高いとされていました。やがて、江戸（現在の東京）の人口が増え、関東でもしょうゆが盛んに作られるようになりました。そして、江戸の人々の好みに合わせて改良されたのが濃口しょうゆです。関東のしょうゆ作りは、やがて現在のキッコーマンなどの大きな会社で行われるようになりました。

パッケージは変わることがあります。

各地域で特徴のあるしょうゆが作られているよ。

しょうゆが作られ始める

大昔に中国から伝わった「ひしお」をもとに、関西地方でしょうゆが作られた。

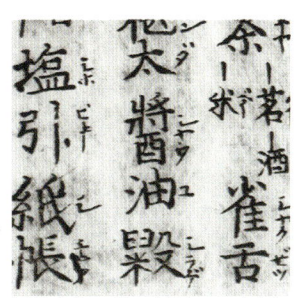

室町時代の本に登場する「醤油」。『節用集』（学習院大学文学部日本語日本文学科研究室所蔵）
出典：国書データベース、https://doi.org/10.20730/100067788

丸大豆100%
いつでも新鮮®
キッコーマン
こく旨リッチ
丸大豆
しょうゆ 450ml
特選
開けて120日間鮮度を保つ
開栓後常温保存
kikkoman

コクと旨みしっかり
いつでも新鮮®
キッコーマン
食塩分40%カット
味わいリッチ
本醸造 減塩
しょうゆ 450ml
開けて120日間鮮度を保つ
開栓後常温保存
kikkoman

江戸時代のしょうゆ売り。『広益国産考 5』
出典：国立国会図書館ウェブサイト
https://dl.ndl.go.jp/pid/802210/1/7

関東でしょうゆ作りが盛んに

関東地方でもしょうゆ作りが盛んになる。海外へも輸出された。

現在のしょうゆ工場。

みそからしみ出た汁がしょうゆのもとになったともいわれているよ。

工業化される

工場でも作られるようになる。

ここが

スゴい！

うま味やあま味がある

大豆と小麦に含まれているたんぱく質やでんぷんが、アミノ酸やブドウ糖に変わり、うま味やあま味を出す。

さまざまな種類がある

家庭でよく使われる濃口しょうゆを始め、淡口しょうゆ、たまりしょうゆ、再仕込みしょうゆ、白しょうゆがあり、使い分けられている。

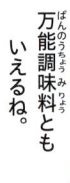

万能調味料ともいえるね。

さまざまに使える

豆腐や刺身などを食べるときに使うほか、煮魚、すき焼き、きんぴら、照り焼きの味付けなど多くの日本料理の味のベースになっている。

臭いや菌を抑える

魚の生臭さを抑える働きがあり、焼くと香ばしい香りが付く。さらに、しょうゆにつけると菌が増えるのが抑えられ日持ちする。

しょうゆの容器の進化

しょうゆを入れる容器も変わり続けています。キッコーマンのしょうゆの容器は、木の樽から、ガラスびん、ペットボトル、そして現在は「密封ボトル」へと変化しています。「密封ボトル」は、押し出しやすく、一定期間、鮮度が変わらず、注ぐ量を自在に調整できるという機能を合わせもっています。
※商品により鮮度を保つ期間は異なります。

ボトルを押すとしょうゆが出て、戻すと止まる「押し出し式」。使い終わるまで容器が変形せず快適に使える。

しょうゆが空気に触れないため、開封後も常温で保存でき、鮮やかな色や味、香りが変わらない。

世界を変えた！

各国で人気のソイソース

　日本のしょうゆは、「ソイソース（大豆のソースという意味）」や「キッコーマン」と呼ばれ、現在100か国以上で親しまれています。日本食の味付けに使われるだけでなく、現地の食材や料理にも使われています。

　食材にソースとしてかけるほか、料理の味付けにも使われていることからも、世界各地に広まっていることがわかります。

アメリカのスーパーで売られているしょうゆ。

珍しい調味料ではないんだね。

アメリカで売られているキッコーマンのしょうゆの多くには、「万能調味料」という意味の英語が書かれている。

しょうゆ以外の日本の調味料も大人気

　海外で人気の日本の調味料は、しょうゆだけではありません。みそもしょうゆと並んで人気で、輸出額は年々増えています。そのほか、ウスターソース、マヨネーズ、ドレッシング、焼き肉のたれなど、元は日本生まれではなくても日本で作られている調味料は味がよいと人気で、海外への輸出量が伸びています。

しょうゆの輸出量（2012〜2022年）

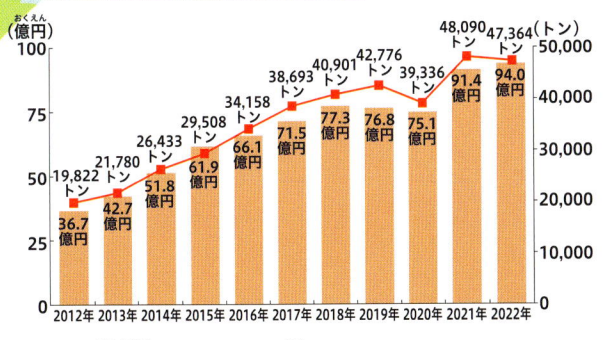

（億円）（トン）

年	輸出額	輸出量
2012年	36.7億円	19,822トン
2013年	42.7億円	21,780トン
2014年	51.8億円	26,433トン
2015年	61.9億円	29,508トン
2016年	66.1億円	34,158トン
2017年	71.5億円	38,693トン
2018年	77.3億円	40,901トン
2019年	76.8億円	42,776トン
2020年	75.1億円	39,336トン
2021年	91.4億円	48,090トン
2022年	94.0億円	47,364トン

みその輸出量（2012〜2022年）

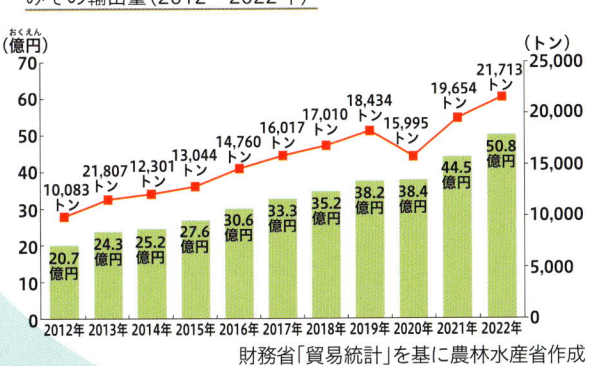

（億円）（トン）

年	輸出額	輸出量
2012年	20.7億円	10,083トン
2013年	24.3億円	21,807トン
2014年	25.2億円	12,301トン
2015年	27.6億円	13,044トン
2016年	30.6億円	14,760トン
2017年	33.3億円	16,017トン
2018年	35.2億円	17,010トン
2019年	38.2億円	18,434トン
2020年	38.4億円	15,995トン
2021年	44.5億円	19,654トン
2022年	50.8億円	21,713トン

財務省「貿易統計」を基に農林水産省作成

しょうゆとみそは、アメリカ、中国への輸出が多いよ。

菓子パン

日本ではおやつとしても食べられるから、あまい味つけのものが多いよ。

あん、クリーム、ジャムなどのあまい味の具を入れたり、表面をあまくしたりしたパンを菓子パンといいます。明治時代の日本で、パンにあんを入れたあんパンが発売され、その後、クリームパンやジャムパンなど、多くの種類の菓子パンが作られるようになりました。

ヨーロッパなどの国々ではパンが主食だから、あまくないシンプルな味のパンが多いよ。

皮がやわらかい

水分が多くしっとりしているので、やわらかく食べやすい。

あまい生地

おやつとしても食べることが多いため、生地も砂糖を多めに入れたあまい味つけのものが多い。

これら全部日本生まれ!

ジャムパン　©PIXTA

クリームパン　©PIXTA

チョココロネ　©PIXTA

メロンパン　©PIXTA

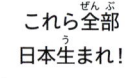 あんパンの登場

明治時代以降、日本でも少しずつパンが食べられるようになりましたが、当時の西洋のパンは固く、日本人の口には合わないものでした。そこで木村屋では、1874年に米とこうじと水からやわらかくあまい生地を作り、その中にあんを入れるあんパンを生み出しました。

さまざまな菓子パンの登場

あんパンは、明治天皇に献上されて評判になり、一般の人々にも知られるようになりました。木村屋のジャムパン、新宿中村屋のクリームパンに続き、さまざまな菓子パンが作られました。あんパン、ジャムパン、クリームパンは、日本の三大菓子パンといわれています。

食べもの・飲みもの 07

パン粉

パン粉は、洋食のカツレツやコロッケなどの衣などの洋食で多く使われますが、実は、日本生まれなのです。サクサクした食感が特徴で海外でも人気を集めています。

パン粉に似た「ブレッドクラム」

海外には、パン粉に似た「ブレッドクラム」という粉があります。もともとは、残り物で固くなったパンやクラッカーを細かくして調理用にしたものです。ブレッドクラムは砂のようにサラサラで、揚げると、パン粉よりカリカリした食感になります。

Fernati2007/Shutterstock.com

海外でも「PANKO」と呼ばれているよ。

サクサクした食感

パン粉用に焼いた食パンを細かくして作るため、サクサクしている。

©PIXTA

種類が豊富

今では、食材に合わせて数百種類ものパン粉が作られている。

値段が安い

ブレッドクラムより安く作れる。

パンをほぐしてパン粉に

江戸時代末から明治時代にかけて洋食文化が入ってきた時期に、洋食の料理人が、パンをほぐし、金網のふるいにかけてパン粉を作りました。

和食用のパン粉を販売

1916年、宮崎岩松商店（現・ライオンフーヅ）が、トンカツなどの和食の衣用に、パン粉を商品化して売り出しました。さらに、1937年に、日本で初めてソフトパン粉を製造しました。

乾燥パン粉（左）と、やわらかい食感のソフトパン粉（右）。　©PIXTA

 食べもの・飲みもの | **08**

緑茶飲料

缶のお茶もペットボトルのお茶も日本生まれだったんだね。

緑茶は、日本で古くから飲まれていますが、1970年代に食生活が洋風化したことなどにより、飲む機会が減りました。
1985年に世界初の缶入り緑茶が開発され、その後ペットボトル入りが登場したことで、緑茶は世界中に広まりました。

あまくない緑茶飲料は、海外ではめずらしく、ヘルシーな飲料としてアメリカなどで人気だよ。

手軽に飲める

お湯をわかして急須でいれるお茶とは違い、飲みたい時にすぐに飲める。外に持っていくこともできる。

初めての缶入り緑茶飲料。

商品名やデザインを大きく変えた緑茶飲料。

現在のペットボトル入り緑茶飲料。

緑茶本来の味が楽しめる

時間がたっても色や香り、味が損なわれず、いつでもどこでもおいしく飲むことができる。

10年間の研究開発

飲料を開発・販売する伊藤園が、緑茶の製品化を目指し、10年間にわたり研究開発を進めました。1985年に缶入り緑茶飲料の発売に成功し、家で急須でいれて飲むものだった緑茶が、いつでもどこでも飲めるようになりました。

名前を変えたら大ヒット

緑茶は家庭でいれて飲むものというイメージが強く、当初はなかなか売れませんでした。また、「煎茶」の読み方がわからないという声を受けて、「お〜いお茶」という名前に変更したところ、売上が約6倍になりました。

2章

（しょう）

家の中のもの

（いえ）（なか）

絵文字

喜びや悲しみなどの感情を、簡略化した顔の絵で伝えられるほか、
さまざまな情報を簡単な絵で示すことができる絵文字は、
スマートフォンなどでメッセージを送るときには今や欠かせないアイテムです。
世界中で使われている絵文字は、日本の通信会社の社員によって開発されました。
英語圏では「Emoji」と呼ばれるほど親しまれています。

初めて開発された絵文字。

初めはポケベルの "♥"

　携帯電話がなかった頃、外出中にメッセージを
受け取るポケットベル（ポケベル）という機器があ
りました。初めは呼び出し音だけでしたが、次第
に短い数字や文字が受け取れるようになりました。
使える文字の中に "♥"
があり、これが感情を
表すために使われたの
が絵文字の始まりです。

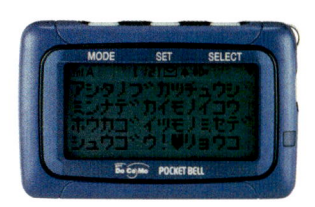

画像提供：株式会社ＮＴＴドコモ

携帯電話の普及で絵文字が登場

　1990年代に携帯電話やインターネットが
普及し、1999年には携帯電話からインター
ネット通信ができるｉモードが登場しました。
このとき、ＮＴＴドコモでｉモードの立ち上
げに関わった社員の栗田穣崇さんたちのチー
ムが、たった1か月で176種類の絵文字を開
発しました。

シンプルで意味がわかりやすいね。

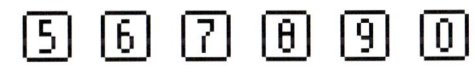

© NTT DOCOMO, INC.

176種類の絵文字の中に、ハートの絵文字が4種類もあったよ。

1990年 誕生

NTTドコモより176種類の絵文字が登場した。直後から人気になる。

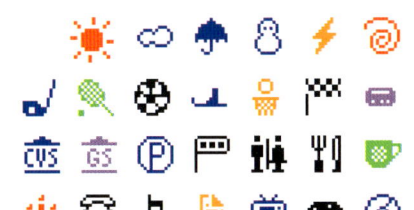

© NTT DOCOMO, INC.

2010年代 世界中に広がる

2010年代に世界の文字や記号の規格（Unicode）に採択され、さらに2011年にiPhoneに標準搭載された（日本では2008年）。

～現在 種類が増える

種類が増え、2024年現在で3000種類を超える絵文字が使われている。

画像提供：ソフトバンク

スゴい！

感情を伝えられる

感情や反応などを伝えられ、コミュニケーションを深めることができる。

言葉の壁を越えられる

違う言語を使う人にも気持ちを伝えることができる。

今回の旅行も楽しかったね!! また、みんなで行こう 😊

次はどこに行こうか? アメリカにでも行っちゃう? ❤️

ごめん! 🙏 あんまり家をあけると ネコがおこっちゃうんだよ〜🐱

絵文字は、欠かせないものになってきたね。

長い言葉も 1文字で表せる

文字では表せない表現や、長くなってしまう表現を、1文字で的確に表すことができる。

おそろしい

いいね！

12×12のドット（点） だけでできていた

開発当時は扱えるドット数が少なかったので、粗いドットでも表現しやすいものが考案された。

© NTT DOCOMO, INC.

同じ絵文字でも意味が違うことがある

違う言語を使う人にも感情や状況を伝えやすい絵文字ですが、文化の違いによって、表す意味が異なる絵文字もあります。言語や文化が異なる人に絵文字を使うときには注意しましょう。

日本では「ありがとう」、「ごめんなさい」、「お願いします」という意味。海外では「祈り」や「ハイタッチ」の意味になることがあります。

日本では「申し訳ありません」と、謝る気持ちを表します。海外では「考え中」や「うで立てふせ」と捉えられることがあります。

画像提供：ソフトバンク

ニューヨーク近代（きんだい）美術館（びじゅつかん）に 絵文字（えもじ）が展示（てんじ）されている!?

　日本発（にほんはつ）の絵文字（えもじ）は、デジタルコミュニケーションに大（おお）きな影響（えいきょう）を与（あた）えたとされ、最初（さいしょ）に生（う）まれた176種類（しゅるい）の絵文字（えもじ）が、アメリカのニューヨーク近代（きんだい）美術館（びじゅつかん）に展示（てんじ）されています。

　また、2015年（ねん）に日本（にほん）の安倍晋三首相（あべしんぞうしゅしょう）（当時（とうじ））がアメリカを訪問（ほうもん）した際（さい）、オバマ大統領（だいとうりょう）（当時（とうじ））は、日本生（にほんう）まれの絵文字（えもじ）に触（ふ）れ、カラオケやアニメとともにアメリカ人（じん）が愛（あい）するものとして感謝（かんしゃ）の気持（きも）ちを伝（つた）えました。

ニューヨーク近代（きんだい）美術館（びじゅつかん）にある絵文字（えもじ）の展示（てんじ）。
PR TIMES プレスリリースより

絵文字（えもじ）が日本生（にほんう）まれだと意識（いしき）せずに使（つか）っている人（ひと）も多（おお）いそうだよ。

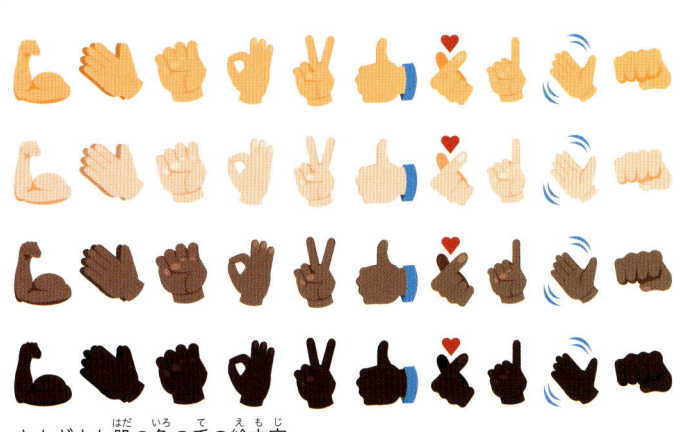

さまざまな肌（はだ）の色（いろ）の手（て）の絵文字（えもじ）。
SpicyTruffel/Shutterstock.com

世界中（せかいじゅう）で使（つか）われ、 進化（しんか）し続（つづ）ける絵文字（えもじ）

　日本（にほん）で生（う）まれた絵文字（えもじ）は、2010年代（ねんだい）にUnicode（ユニコード）に採択（さいたく）されたことで、世界（せかい）の多（おお）くの人（ひと）が使（つか）うようになりました。

　多様性（たようせい）やジェンダーレスなどへの考（かんが）え方（かた）の変化（へんか）とともに、絵文字（えもじ）も進化（しんか）しています。性別（せいべつ）や人種（じんしゅ）などに配慮（はいりょ）した絵文字（えもじ）が登場（とうじょう）しています。

2015年（ねん）から肌（はだ）の色（いろ）を6色（しょく）から選（えら）べるようになったんだよ。

フリクションペン

ボールペンで書いた文字や絵は、
簡単には消すことができないので、
気をつけながら書く必要があります。
ところが、ペンの後部についている
ゴムでこすると消える、特別なインキを使った
フリクションペンが登場したことで
そんな常識が変わりました。
何度も書いたり消したりできるこのボールペンは、
とても便利なため、日本だけでなく、
世界各国で人気となっています。

💡 紅葉が発想のきっかけ

　1970年代の初めに、文房具会社のパイロット
コーポレーションのインキの開発者が、木の葉の
色が変わるように鮮やかに色が変わるインキを開
発できないかと考えました。これが、インキの消
えるボールペン開発のきっかけでした。

💡 30年以上かけて製品に

　1975年に、温度によって色が変わるメタモイ
ンキが開発されました。その後、約30年かかって、
こするとインキが消えるボールペンを製品化しま
した。インキを封入するマイクロカプセルの開発
が難しく、長い年月がかかったのです。

消えるインキの開発までに、1000種類以上の試作品を作ったそうだよ。

「フリクション」は、「摩擦」という意味だよ。

水を入れると花が咲く。

1975年

メタモインキの開発に成功

温度で色が変わるメタモインキを開発。冷たい水を入れると絵が現れるしかけの紙コップに使われた。

2006年

フリクションペンが発売

最初にヨーロッパで発売されて大人気になる。翌年には日本でも発売された。

2010年

ノック式が完成

ノック式のフリクションペンが登場。その後も、さまざまな種類のフリクションペンが商品化されている。

37

（ここが）

\ スゴい！ /

書いた文字を消せる

ペンの後ろについているラバー（ゴム）でこするだけで、書いた文字などを簡単に消すことができる。

消したところにまた書ける

一度書いた文字などをこすって消した後、同じところにまた書ける。

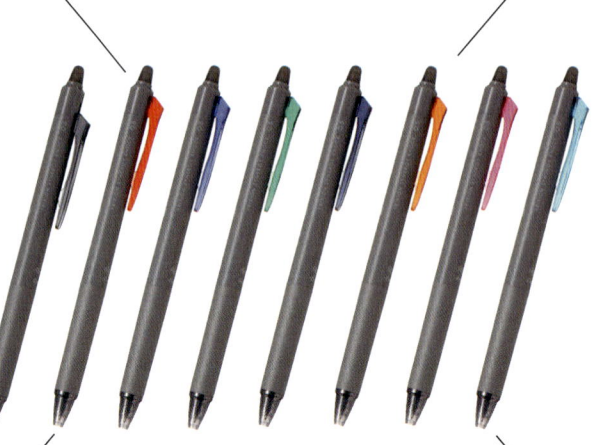

修正液などがいらないんだね。

消しかすが出ない

鉛筆の文字を消しゴムで消すのとは違って、消しかすが出ない。消し残しもほとんどない。

消した文字を復元できる

間違って一度消した文字を、冷凍庫など（マイナス10℃以下のところ）に入れて元に戻すことができる。

インキが消えるのはなぜ？

フリクションペンのインキは、小さなマイクロカプセルに入っています。その中に含まれる成分は、温度が上がると透明になる性質があるので、ラバー（ゴム）で擦ると摩擦熱で、インキが透明な状態になって消えたように見えるのです。

こすると摩擦で熱が生じる

温度が上がると

消えた!!
見えない
透明に

マイクロカプセル

フリクションペンが
ヨーロッパの勉強習慣を変えた!?

　日本では学校での学習に鉛筆を使うのが普通ですが、ヨーロッパでは万年筆やボールペンを使うのが普通です。そのため、書き間違えると修正液が必要になり不便でした。

　色が透明に変わるインキをボールペンに使えば、文字を簡単に消せてとても便利に違いない。このアイデアから生まれたフリクションペンは、2006年に日本より先にヨーロッパで発売され、修正がラクなために大ヒット商品となりました。2023年末までに、世界で44億本も売れています。

ヨーロッパで発売されたフリクションペン。

日本での発売は、
2007年だったよ。

2章　家の中のもの

日本製のかわいい文房具。

世界で大人気！
"カワイイ" 日本の文房具

　日本製の文房具は、機能が優れていることに加えて、見た目が "カワイイ" と、外国人に大人気です。使いやすさだけでなく、使う楽しさも考えられていて、遊び心が取り入れられていると好評のようです。日本でのお土産に、日本製の文房具を買い求める外国人も多くいます。

個性的な文房具が多いから、
楽しみながら使えそうだね。

 家の中のもの | 11

海外でも
mangaと呼ばれて
いるんだね。

まんが

日本には約千年も前から、
まんが文化があったといわれています。
1960年代ごろから、少年少女向けの
まんが雑誌が人気を呼び、
やがて多くの青年や大人も
まんがを愛読するようになりました。
日本のまんがは、「manga」として、
アメリカやヨーロッパ、アジアをはじめ、
世界各地で高い人気を集め、
日本のまんがの登場人物も愛されています。

1950年代から1960年代に
創刊された週刊まんが誌たち。

『週刊少年マガジン』1959年3月26日号 講談社

始まりは平安時代!?

平安時代に、カエルやウサギが楽しそうに遊ぶ
姿を描いた『鳥獣人物戯画』が、日本最古のまん
がだといわれています。江戸時代には、葛飾北斎
も『北斎漫画』というまんがをかいています。

『鳥獣人物戯画』高山寺蔵

新聞や雑誌にも登場

明治時代には、新聞や雑誌にまんがが載ったり、
子ども向けのまんが雑誌が刊行されたりしました。
また、同じころ西洋に日本のまんがが紹介されま
した。

小杉未醒 著『漫画天地』、左久良書房、1908.1.
国立国会図書館デジタルコレクション
https://dl.ndl.go.jp/pid/994847
（参照 2024-12-02）

『週刊少年サンデー』 1959年4月5日号 小学館

『週刊少女フレンド』 1963年1月1日号 講談社

昔から、おかしみのある絵で物事を表現する手法があったんだね。

1950年代

手塚治虫のまんがが人気に

『ジャングル大帝』、『鉄腕アトム』、『リボンの騎士』などが人気を呼ぶ。

© 手塚プロダクション

1994年

少年誌の発行部数がピークに

『週刊少年ジャンプ』の発行部数が過去最高の653万部になる。

©『週刊少年ジャンプ』1995年新年3・4号／集英社

2000年代 海外へ進出

日本で生まれたまんがが、世界各国に紹介される。「manga」と呼ばれて親しまれるようになる。

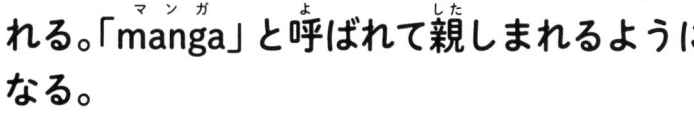

ここが スゴい！

老若男女に支持される

世界的には、「まんがは子どものもの」と考えられがちだが、日本のまんがは大人が楽しめるものも多い。世代や性別を問わず、人気がある。

次々に新しいまんがが生み出されているよ。

豊富なジャンル

冒険、スポーツ、ファンタジー、SFなど、ジャンルがバラエティに富んでいて、好みのまんがを見つけやすい。

©吾峠呼世晴／集英社

ストーリーがおもしろい

ありきたりな話ではなく、意外性のある設定や、はらはらどきどきの展開など、日本のまんがは非常におもしろいものが多い。

細やかな表現

コマ割り（コマの大きさや位置の決め方）がよく考えられていて、細かいところまで絵が美しく描かれている。

まんが化されるさまざまな事柄

新聞の4コマまんがや少年少女誌のストーリーまんがだけでなく、歴史や科学などをわかりやすく説明する学習まんがなど、さまざまな種類の事柄をまんがで表しているのも日本のまんが文化の特徴です。

©植田まさし　読売新聞

©Gakken

海外のmangaは右開き!?

日本のまんがは、セリフが縦書きなので、ページを右に開きながら読んでいきます。これに対して、英語圏をはじめ世界の多くの国のまんがは、文字が横書きなので、左に開いていきます。

日本のまんがの翻訳本は、右開きのままでセリフを現地の言葉に訳しているため、ページは右へ開いていくのに、セリフは左から右に読むことになります。しかし、日本のまんが独自の読み方として定着しています。

タイ語に訳された日本のまんが。
Sherly Kusuma/Shutterstock.com

「ズドーン」や「バーン」などの効果音も翻訳されているよ。

バーンズ・アンド・ノーブルのmanga売り場。
サイネットフォト

アメリカのまんがはカラーが多いけど、日本のまんがはモノクロが多いからその分安いんだって。

日本のmangaがアメリカの書店を救った!?

アメリカの大手書店チェーンのバーンズ・アンド・ノーブルは、インターネットで読めるデジタル書籍の普及に押されて売り上げが下がり、経営が苦しくなっていました。しかし、新型コロナウイルス感染症の広がりで在宅時間が増えると、日本のmangaの売り上げが伸び、経営状態も復活しました。mangaの読者である子どもたちが、店頭で立ち読みをしてから本を買ったからでした。

ゲーム機（家庭用）

1983年に発売された「ファミリーコンピュータ（ファミコン）」は、ゲームソフトを入れかえるだけで、家庭でいろいろなゲームが楽しめるゲーム機として大人気になりました。その後、家の外に持ち出して遊べるゲーム機や、体を動かしながら遊ぶゲーム機などの新製品も次々に登場しました。日本発の家庭用ゲーム機は、ゲームソフトとともに世界に広がり、人気を集めています。

アメリカで開発された最初の家庭用ゲーム機

世界初のコンピュータゲーム機は、1958年にアメリカで開発されたテニスのゲームです。その後、初の家庭用ゲーム機もアメリカで開発されました。コントローラーを操作してラケットを動かすテニスゲームでした。これらは1種類のゲームしかプレイできなかったため、アーケードゲーム※にはかないませんでした。

※アーケードゲーム…ゲームセンターにあるビデオゲーム。

家族で楽しめる「ファミコン」が登場

 1983年に任天堂が、家庭のテレビ画面に映像を映し、コントローラーを操作して遊べるゲーム機「ファミリーコンピュータ」を発売しました。カセット（ゲームソフト）を入れかえれば、1つのゲーム機でいろいろなゲームがプレイでき、当時アーケードゲームで大人気だった『ドンキーコング』を家で楽しめると、大ブームが起こりました。

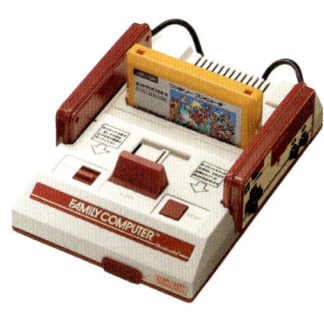

1983年

「ファミコン」が発売

その後、1985年に発売された『スーパーマリオブラザーズ』が世界的な人気になる。

1983年に発売された「ファミリーコンピュータ（ファミコン）」。

1989年

持ち運べるゲーム機

携帯型のゲーム機「ゲームボーイ」が発売され、どこでもプレイできるようになる。

2006年

体を動かして遊べるゲーム機

リモコンを動かして操作できる体感型のゲーム機「Wii」が発売された。

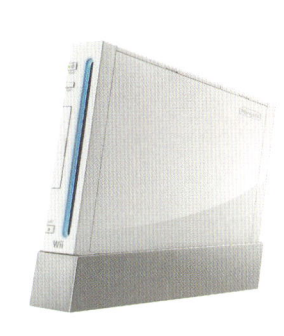

コンピュータゲームが身近なものになったよ。

45

ここが

スゴかった！

複数のゲームで遊べる

カセット式のゲームソフトを入れかえると、いろいろな種類のゲームができる。

家で楽しめる

ゲームセンターでしか遊べなかった人気のゲームソフトが、家でもプレイできるようになった。

1000種類以上のゲームで遊べたよ。

値段が安い

ゲームを楽しめる機器としては、比較的安く買い求めやすかった。

操作がしやすい

十字型のボタンと、丸いボタン2つを使うだけなので、操作がしやすい。

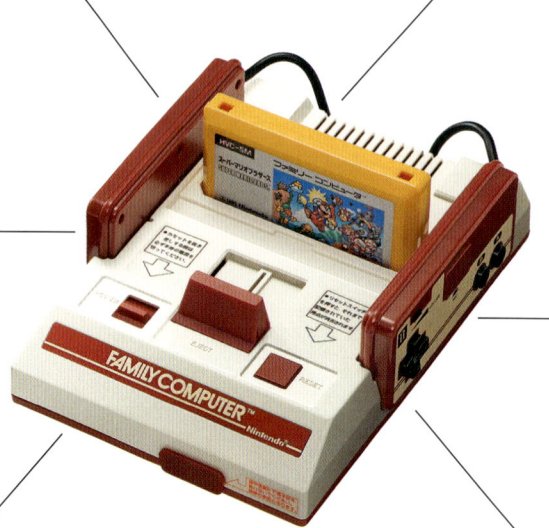

複数の人で遊べる

1台にコントローラーが2つ付属しているので、きょうだいや家族、友達などといっしょにプレイできる。

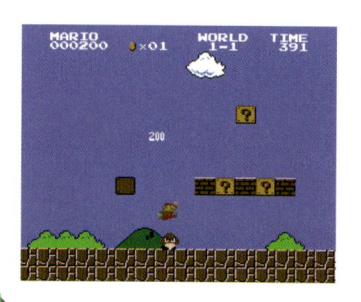

画面が鮮やか

ゲーム画面が色鮮やかで、見ているだけでもわくわくするものだった。

人気のゲームソフトが続々登場

ファミコンがブームになると、おもしろいゲームソフトも多数開発され、ますますファミコンの人気が高まりました。

ドラゴンクエスト

© ARMOR PROJECT/BIRD STUDIO/
SPIKE CHUNSOFT/SQUARE ENIX

ゼルダの伝説

ファイナルファンタジー

© SQUARE ENIX
IMAGE ILLUSTRATION:© YOSHITAKA AMANO

海外のほうが売れている日本のゲーム機

日本で大ブームになったファミコンは、北アメリカやヨーロッパ各国、オーストラリアなど、世界中で発売され、人気になりました。2003年の生産終了までに、日本国内では1935万台を発売。全世界累計販売台数は6191万台になりました。その後も、新たに開発されたゲームボーイやWii、Nintendo Switch（2017年発売）なども世界に広まっていきました。

ファミコンは、海外では「Nintendo Entertainment System（NES）」として発売された。

NES用のゲームソフト。

“遊び”を海外に輸出しているんだね。

世界一有名なゲームキャラクター「マリオ」

日本の任天堂のゲームソフトに登場するキャラクター「マリオ」は、世界で最もよく知られているキャラクターです。

マリオが登場する多くのゲームソフトは、2020年までに世界で5億6000万本も売れ、ギネスブックの世界記録として認定されました。また、2011年にギネス・ワールド・レコーズが行ったアンケートで、ゲーム史上最も有名なゲームキャラクターの第1位に輝いています。

マリオとその仲間たち。

子どもにも大人にも人気の高いキャラクターだよ。

2章 家の中のもの

温水洗浄便座

温かい水が出ておしりをきれいにしてくれる温水洗浄便座は、
トイレを快適にしてくれる機械として、
多くの家庭や公共施設などのトイレに取り入れられています。
もともと医療用として開発されましたが、
あまり快適なものではありませんでした。
1980年にTOTO（当時は東陶機器）が開発した
「ウォシュレット®」をふくむ温水洗浄便座は、
とても使いやすかったため、今では80％以上の
一般家庭で取り入れられています。

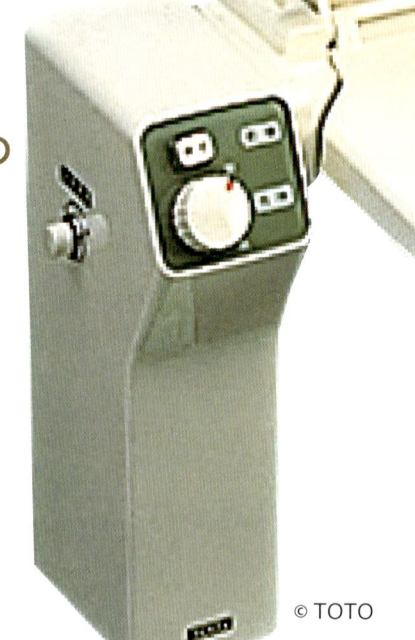
© TOTO

洋式トイレに慣れていなかった当時の日本人は、便座の冷たさが気になり、温かい便座を求めたんだって。

医療用として輸入された温水洗浄便座

ヨーロッパには、18世紀初めごろから「ビデ」というおしりを洗うための装置がありました。1960年代には、アメリカやスイスで開発された医療用の温水洗浄便座が輸入され、その後国内でも開発されました。しかし、当初の温水洗浄便座は、お湯の温度が高かったり、お湯が出る方向が定まらなかったりするなどの問題点がありました。

快適に利用できる温水洗浄便座が登場

1970年代に、TOTO（当時は東陶機器）の便座の出荷台数は洋式が和式を上回りました。TOTOでは、温水洗浄便座を快適な商品として発売するための開発計画が進められました。最適な温度を保ったお湯がちょうどよい方向や向きで出るように、さまざまな実験をくり返した末、1980年に初代「ウォシュレット®」が発売されました。

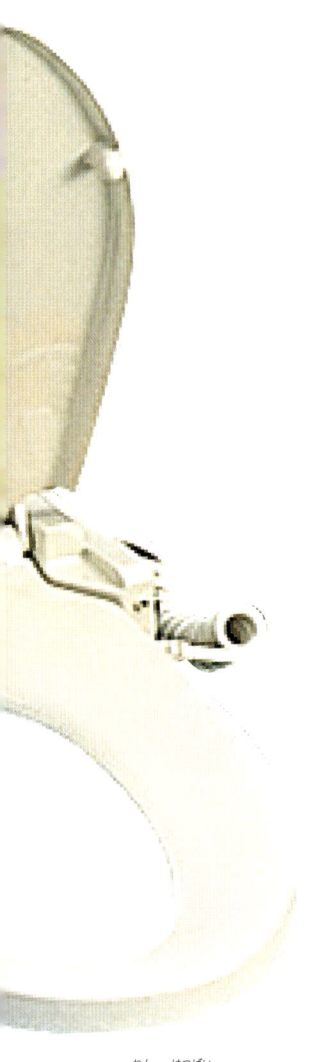

1980年に発売された
「ウォシュレット®G」

1980年

家庭用温水洗浄便座が登場

現在のTOTOが開発した。洗浄、乾燥、暖房便座の機能があった。

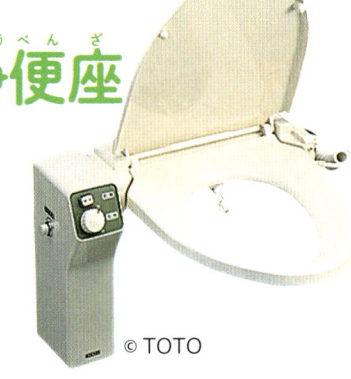

© TOTO

1982年 CMが話題に

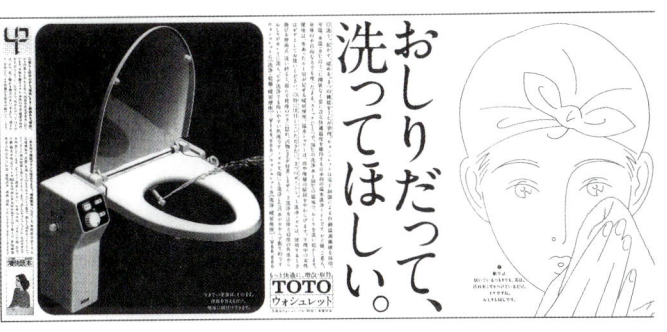

おしりだって、洗ってほしい。

TOTO ウォシュレット

「おしりだって、洗ってほしい」というキャッチコピーのCMで、一般家庭にも普及するようになった。

当時の新聞広告
CD＋C.仲畑貴志　AD.葛西薫　IL.若山和央

初代の「ウォシュレット®」は、お湯をためておくタイプが高級品だったよ。

2010年

飛行機にも設置された

ホテルや駅などにも設置されるようになった。飛行機のトイレにも採用された。

画像提供：株式会社ジャムコ

ここが
スゴい！

快適に洗浄してくれる
お湯の出る強さや当たる位置、温度を調節できる。センサーでふたが自動的に開閉する。

常に温かい便座
寒い冬場でも、便座が人はだの温かさに保たれている。

便利な機能が次々と増えているよ。

環境に優しい
節水や節電の機能があり資源やエネルギーを大切にしている。

© TOTO

汚れにくい
水を流すたびに便器が除菌されるので、清潔さと衛生を保つことができる。

高いデザイン性
曲線を上手に使ったデザインで、高級感がある。

データはどこから？

「ウォシュレット®」の開発を開始した時には、便座に座ったときのおしりの穴の位置、快適なお湯の温度や発射角度などくわしいデータはありませんでした。このデータをとるために、約300人の社員のデータを集めました。

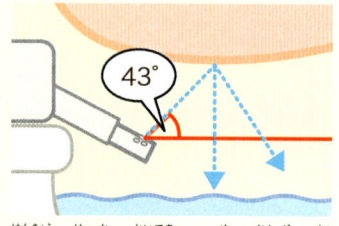
43°

研究の結果、快適なお湯の温度は体温より少し高い38℃、発射角度は43°と判明した。

温度調整のためのコンピュータは、水に強いものが使われた。雨でも故障しない信号機がヒントになった。

温水洗浄便座は日本のおもてなし!?

温水洗浄便座は、トイレを快適に過ごすためのおもてなしの一つとして、日本を訪れる外国人に好評です。いろいろな言語を使う外国人にも使いやすいトイレが登場しています。タブレットを操作すると、説明のための言語が日本語、英語、簡体字中国語、繁体字中国語、韓国語などから選べます。

だれもが使いやすいトイレなんだね。

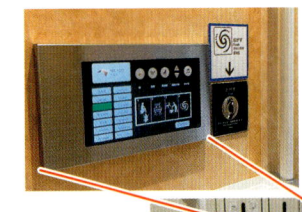
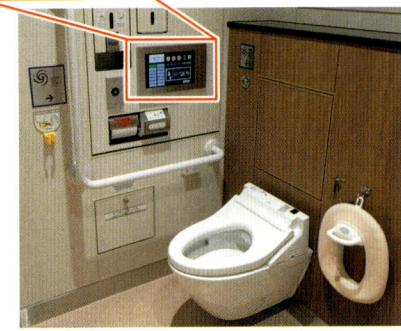

高速道路のパーキングエリアに設置されているトイレ。タブレットにより多言語で使い方を表示する。

画像提供：中日本ハイウェイ・エンジニアリング東京

国によって好みが違う?
世界に広がる温水洗浄便座

近年、中国などのアジアを始め、欧米でも温水洗浄便座の出荷数が急激にのびてきました。

たとえば、床から浮き上がった「かべかけ便座」が多いヨーロッパでは、コードや配管が見えないものが求められるなど、生活習慣の違いなどから国によって求められる仕様やデザインが異なるため、各国の好みに合わせて展開されています。

ヨーロッパでは、床から浮いている「かべかけ便器」が主流。

アメリカで人気が高い、昔からあるデザインの便座。

© TOTO

温水洗浄便座は、トイレを快適にしてくれているね。

ノートパソコン

パソコンとは、家や会社などで
個人が利用する目的のコンピュータのことで、
かつては大型で重たく、持ち運びが難しいものでした。
そこでパソコンの小型化を進め、ノートサイズで軽くて
持ち運びやすい"ノートパソコン"を開発して、
世界で初めて発売したのは、日本の会社の東芝です。

パソコンは、「パーソナル（個人の）・コンピュータ」を略した呼び名だよ。

💡 コンピュータを
持ち運べなかった時代

　第二次世界大戦後にコンピュータが急速
に進歩しましたが、大型で重く、コンピュー
タが置かれた部屋でしか作業ができません
でした。このようなコンピュータは、机の上
に置いたことからデスクトップ型といいます。

💡 デスクトップ型から
ラップトップ型へ

　その後、次第に部品の性能を高めることで
小型化が進み、1985年に東芝が、世界初の
ラップトップ（「ひざの上」という意味）型のパ
ソコンをヨーロッパで発売しました。本体の
重さが4〜5kgで、当時のデスクトップ型
のおよそ7分の1まで軽量化できました。

💡 持ち運べる
ノートパソコンが登場

　東芝の開発者は、さらに小型化と軽量化を
目指しました。さまざまな研究開発の結果、
ノートと同じA4サイズで、重さがわずか
2.7kgで厚さ44mmの手軽に持ち運べる"ノ
ートパソコン"が登場しました。

協力：Dynabook株式会社

ノートパソコンが誕生
してから、まだ半世紀
にもならないんだね。

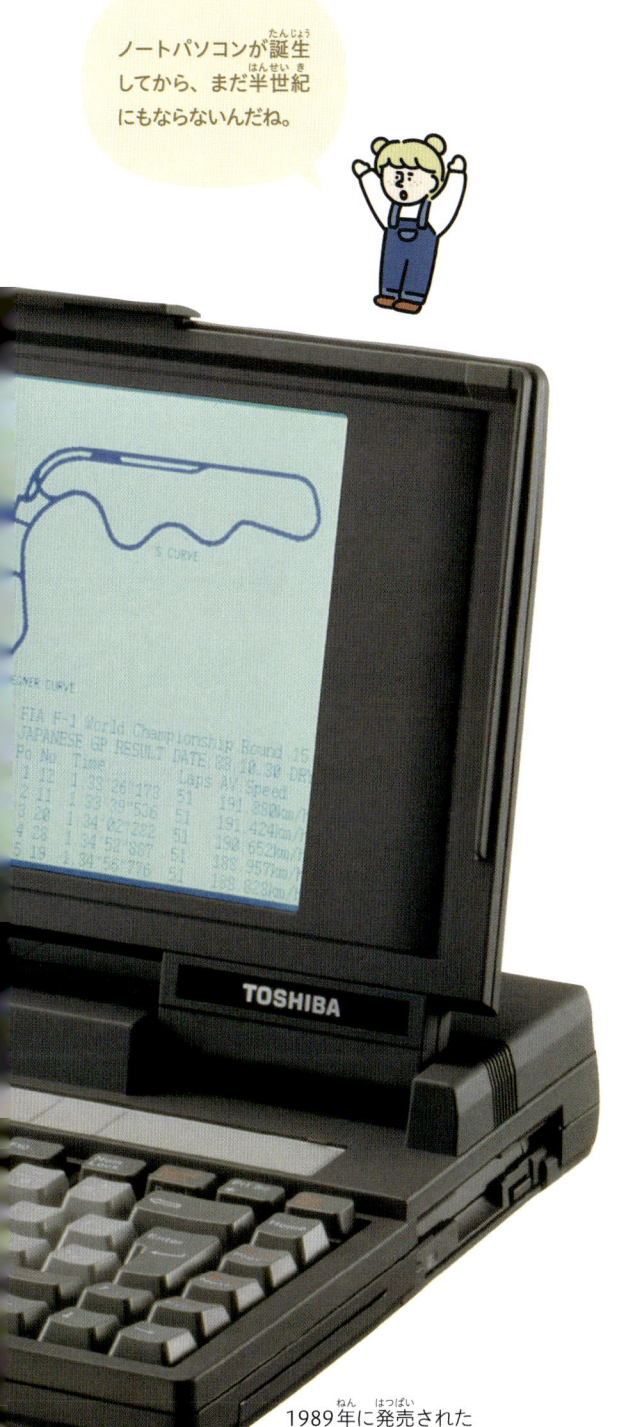

1989年に発売された
初めてのノートパソコン
「DynaBook J-3100SS」。

1974年

デスクトップ型パソコン

アメリカで、世界初の
個人向けコンピュータ
であるAltair 8800が
発売された。

写真：AP/アフロ

1980年代

ノートパソコンの誕生

1985年に東芝が、ヨーロッパでラップトップ型パソコンを発売し、翌年には日本でも発売。1989年には、世界初のノートパソコンDynaBook J-3100SSを発売した。

2000年～

ノートパソコンが主流に

ノートパソコンの販売台数が、デスクトップ型パソコンを超えた。

2024年に発売されたdynabookシリーズのノートパソコン。

ここが

スゴかった!

軽くてうすい

ノートと同じA4サイズで、重さ2.7kg、厚さは44mmだった。

値段が手頃

コンピュータがまだまだ高価だった時代に、標準小売価格19万8000円を実現。一般の人にも手が届きやすい製品になった。

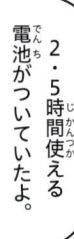

2・5時間使える電池がついていたよ。

持ち運びやすい

モニター部分とキーボード部分を折りたたむとよりコンパクトになり持ち運びやすい。

キーボードが一体化

コンピュータへの指示を入力するためのキーボードが一体化していて、使いやすい。

急速な進歩を遂げたノートパソコン

世界初のノートパソコンDynabookシリーズは、パソコンの普及が進むにつれて、どんどん使いやすく進歩していきました。

DynaBook V486-X S
1992年、世界で初めてカラー液晶（256色表示）を搭載。

Libretto 20
1996年、Windows95を搭載した、世界最小、最軽量の超小型モバイルノートパソコン。

DynaBook SS 3000
1998年、当時の世界で最もうすい19.8mmのノートパソコン。

「ノートパソコン」は日本語？

小型で軽いノートパソコンは、世界中で使われるようになりました。ただし、「ノートパソコン」は、日本で作られた和製英語です。英語では、「ラップトップ」、または「ラップトップPC」と呼ぶことが多いようです。「ラップトップ」とは「ひざの上」という意味で、ひざの上に置いて使えることからそう呼ばれています。

ひざの上に置いてノートパソコンを使える。

軽いからひざの上に置いても負担にならないね。

©RIKEN

スーパーコンピュータ「富岳」。兵庫県神戸市のポートアイランドに置かれている。

気候がどう変わるかなど、実験では調べられないことの予測に使われているよ。

高く評価されているスーパーコンピュータ「富岳」

各国で小型ノートパソコンの開発が進む一方で、計算速度の速いスーパーコンピュータの開発も進みました。日本の理化学研究所と富士通が共同で開発し、2021年に共用を開始したスーパーコンピュータ「富岳」は、世界から高い評価を受けており、医学の分野や気象の予測、防災や人工知能（AI）の開発など、さまざまな分野で活用されています。

ゴキブリ捕獲器

家の中にいるゴキブリを、
粘り気のあるシートで逃げられなくして
捕まえるゴキブリ捕獲器は、
日本のアース製薬が開発して発売しました。
1973年に、粘着式ゴキブリ捕獲器として
「ごきぶりホイホイ」が発売され、
大ヒット商品になりました。

ゴキブリを
ホイホイ捕まえることが
できるという思いを
こめているんだね。

💡 不快さを取り除いた捕獲器を

　1970年代にコンクリート造りの住まいが増え、ゴキブリにとって快適となった家の中に多く発生するようになりました。当時のゴキブリ捕獲器は、ゴキブリを生きたまま逃げられないようにするだけのしくみだったため、不快感がありました。そこで、アース製薬では、ゴキブリをえさでおびき寄せ、粘着剤でしっかり捕まえて逃げられないようにし、姿を見ないまま捨てられるような製品の開発に取り組みました。

💡 ゴキブリの性質を研究し完成

　開発チームは、紙で家型の箱を作り、その中にえさ（誘引剤）と粘着剤を塗っておく方法を考えましたが、ゴキブリは鋭敏な触角で粘着剤があるとわかって入ってきませんでした。そこで、箱の入り口に上り坂をつけることで、触角が粘着剤に触れないように工夫しました。そのほかにも、さまざまな試行錯誤をくり返し、ようやく商品化に成功しました。

1973年

「ごきぶりホイホイ」発売

チューブ入りの粘着剤を箱の底の線に沿って塗る方式で、えさ（誘引剤）は粘着剤に混ぜられていた。

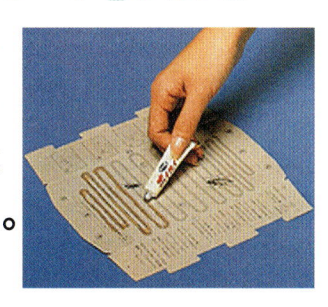

1978年

シートタイプの粘着剤に

シートをはがし、えさ（誘引剤）を箱の真ん中に置く方式になり、粘着剤を塗る手間が省かれた。

大きな赤い屋根がついていたんだね。

1994年

「足ふきマット」付きに

粘着力を弱めてしまうゴキブリの足の油分や水分をふき取る「足ふきマット」が付いた。

ここが

スゴい！

ゴキブリを逃がさない

粘着シートがデコボコしているため、ゴキブリがもがけばもがくほど体や足がめりこみ身動きできなくなる。

おいしいえさ（誘引剤）で強力誘引

ビーフ、えび、野菜などの素材を再現。ひそんでいるゴキブリもフラフラ引き寄せられる。

30kgの重さのものを持ち上げられる粘着力なんだって！

薬剤を使っていない

薬剤を使いたくない場所でも使える。

手軽で使いやすい

本体を組み立ててゴキブリがひそみやすい、暗くてせまい場所やよく見かける場所に置くだけで使える。

ゴキブリを引きつける工夫

「ごきぶりホイホイ」は、ゴキブリの生態をくわしく研究し、それを利用して開発が進められました。

暗い場所が好きで、目の前に暗い箱や穴があると飛び込むこと、仲間を呼び寄せて集団で行動することといったゴキブリの生態を利用しています。

入り口に上り坂をつけ、触角が中の粘着剤に触れないようにし、ゴキブリが捕まりやすいようにした。

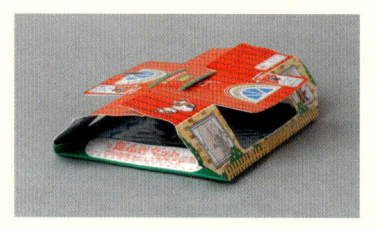

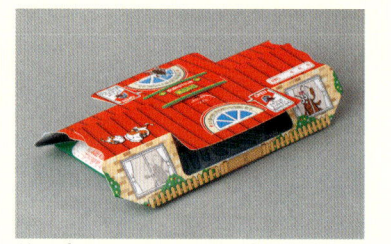

暗い場所を好むので、冷蔵庫の下などのせまい場所にも置きやすいように、高さを2段階に調節できる。

世界30か国以上で「HOYHOY」を販売

発売開始から50年以上がたった「ごきぶりホイホイ」は、世界30か国以上に輸出されるようになっています。アメリカ、ヨーロッパ、アジアなどで「HOYHOY」などの名前で親しまれています。本体の色や外箱のパッケージには、各国の好みに合わせたデザインや色づかいを取り入れています。

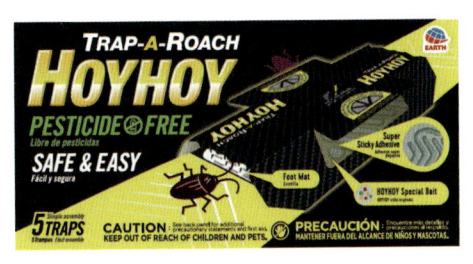

アメリカ向けの「ごきぶりホイホイ」。

中国向けの「ごきぶりホイホイ」。

タイ向けの「ごきぶりホイホイ」。

アース製薬の日本の工場で世界各国の商品を作っているよ。

2章
家の中のもの

ゴキブリ以外の生き物の駆除にも

マレーシアでは、ヤモリが発生することが多く、あちこちにふんをすることもあって、嫌われています。マレーシアでも日本の「ごきぶりホイホイ」が売られていますが、そのパッケージにはヤモリの絵も描かれています。実はゴキブリだけでなく、ヤモリ用としても販売されているのです。このように、国によっては、ゴキブリ以外の生き物の駆除に使われています。

マレーシアで売られている「ごきぶりホイホイ」のパッケージ。

ゴキブリと一緒にヤモリまで捕獲することができるんだね。

蚊取り線香

マラリアなどの感染症の原因になる蚊を
殺虫する効果のある蚊取り線香は、日本で開発され、
蚊が発生する夏を中心に使われてきました。
現在、電気もいらず屋外でも使えることから、
蚊の害に悩む海外のたくさんの国でも
活用されています。

1本で7時間くらい
燃え続けるよ。

棒状蚊取り線香を発明

和歌山県のみかん農家に生まれた上山英一郎さんは、アメリカ人から除虫菊の種子をゆずり受け、除虫菊の栽培と、蚊を防ぐための製品開発に取り組みました。除虫菊を粉末にして熱を加えると蚊よけの効果がありましたが、風などで飛ぶと危険なので、線香に除虫菊の粉を混ぜることを考案し、棒状蚊取り線香を発明しました。

うず巻き形蚊取り線香を発明

棒状の蚊取り線香は、燃える時間が短くて折れやすく、折れたり倒れたりすると火事になるおそれがある問題点がありました。うず巻き形にするという上山さんのおくさんの提案をきっかけに研究を重ね、7年かかってうず巻き形の蚊取り線香の商品化に成功しました。その後、100年以上も変わらない形で使われています。

おくさんが、とぐろを巻いているへびを見て思いついたんだって！

1890年

棒状蚊取り線香を発明

除虫菊の粉を混ぜた線香を開発。長さ約20cmで、約40分間燃えた。1本だとけむりが細く、2、3本使う必要があった。

1902年

うず巻き形 蚊取り線香を発明

2本の蚊取り線香を組み合わせて製造したため折れにくく、一度に2本ずつ作れるので効率よく製造できた。

1940年

製造を機械化

それまでは手作業で作っていたが、一部を機械で作れるようになった。

スゴかった！

蚊が寄りつかない

当時は、蚊を防ぐには蚊帳をつるくらいしかなかったが、蚊取り線香のおかげで、蚊が寄りつかず、殺虫効果も期待できるようになった。

輸送がラクだった

2本ずつ組み合わさっているので、かさばらず、輸送にかかる費用が抑えられた。

うず巻き形にしたことで、いろいろなことが改善されたんだね。

折れにくくなった

棒状の蚊取り線香に比べて、運ぶ際や取り扱かう際に折れにくくなった。

長時間使える

うず巻き形で太く長くすることができ、燃える時間が長くなって、ちょうどひと晩燃やしていられるようになった。

除虫菊の効果

蚊取り線香の成分として使われている除虫菊はキク科の植物で、シロバナムシヨケギクともいい、古くから殺虫効果があることが知られていました。上山英一郎さんは、アメリカ人と、さまざまな日本の植物と除虫菊の種子を交換し、蚊取り線香に使うことを思いつきました。また、和歌山県や広島県、香川県、北海道など、日本各地で栽培することを勧めました。第二次世界大戦前は各地で盛んに栽培され、除虫菊自体も世界各地に輸出されていました。

除虫菊の花。

世界を変えた！

100年以上前から海外へ輸出

明治時代に発売されて以来、蚊取り線香は国内で広く使われるようになりました。そのうちに、海外にも日本の蚊取り線香の蚊よけの効果が知られるようになり、輸出が盛んになりました。第二次世界大戦前の最も多いときには80か国ほどに輸出されていたといわれています。

昭和時代初期の海外向けの蚊取り線香の広告。

第二次世界大戦前に輸出されていた、タイ語入り蚊取り線香。

昔からそんなに多くの国に輸出されていたなんて、びっくりだね。

蚊取り線香は、今も世界で活躍しているんだね。

タイで売られている蚊取り線香や殺虫剤。

蚊取り線香は世界中で人の命を救っている!?

世界でいちばん人間の命をうばっている生き物は蚊です。一年を通じて暑く、蚊の多いタイやベトナムなどの東南アジアでは、蚊が原因となるマラリアやデング熱などの感染症に苦しんでいる人がたくさんいます。これらの国々では、現在も蚊取り線香が重宝され、そのほかの殺虫剤とともに多くの命を救っています。タイでは、蚊取り線香のことを「ホアガイ（鶏の頭＝キンチョウのマーク）」と呼ぶほどキンチョウの製品が親しまれています。

カッターナイフ

カッターナイフは
和製英語なんだよ。

紙などを切るときに使われるカッターナイフは、切れ味が悪くなると、刃の先を折って新しい刃をくり出すことによって、再びよく切れるようにできます。このような折る刃式カッターナイフは、日本で発明されました。

現在は、世界100か国以上にオルファのカッターナイフが輸出されているよ。

ずっと切れ味がよい
刃を折れば切れ味が元に戻るので、ずっと切れ味よく使える。

初めて商品化された
折る刃式カッターナイフ。

刃をむだなく使える
1本の刃を少しずつ折って使うので、むだなく使うことができる。

安全に使える
それまではかみそりの刃を直接つまんで使っていたが、柄がついたので持ちやすく安全になった。

ヒントは板チョコ!?
昔は紙を切るときにかみそりの刃をつまんで使っていたので、歯先の切れ味が悪くなると刃の中央部はまだ使えるのに捨てるしかありませんでした。印刷の仕事で紙を切る作業をすることが多かった岡田良男さんは、折って食べる板チョコなどをヒントに、あらかじめみぞを付け、刃を何回も折って使える刃物ができないかと考えました。

折る刃式カッターナイフの完成
岡田さんは何度も試作をして、刃の角度を59°にすることをはじめ、折れ線の深さや刃の研ぎ方などについて試行錯誤し、1956年に折る刃式カッターナイフを発明しました。このカッターナイフを製造販売する会社は、現在は「折る刃」からとった「オルファ」という社名になっています。

乾電池

世界で使われている乾電池の2割以上が日本製だよ。

日常生活でなくてはならないものの一つ、乾電池。乾電池は、屋井先蔵さんという日本人が1887年ごろに発明したものです。それまでの電池は液体を使ったものでしたが、屋井さんが液体を使わない乾電池を世界で初めて開発しました。

リチウムイオン電池でノーベル化学賞

屋井さんの乾電池のあと、日本の多くの会社が新しい乾電池の開発を続けてきました。1985年に吉野彰博士が、くり返し使えるリチウムイオン電池を発明し、後にノーベル化学賞を受賞しました。

画像提供：旭化成

2章 家の中のもの

液体を使わない電池

液体を使う電池は、液が漏れたり寒い所で液が凍ったりしていたが、乾電池はそれらの欠点がないものだった。

いろいろな種類があった。
一般社団法人電池工業会

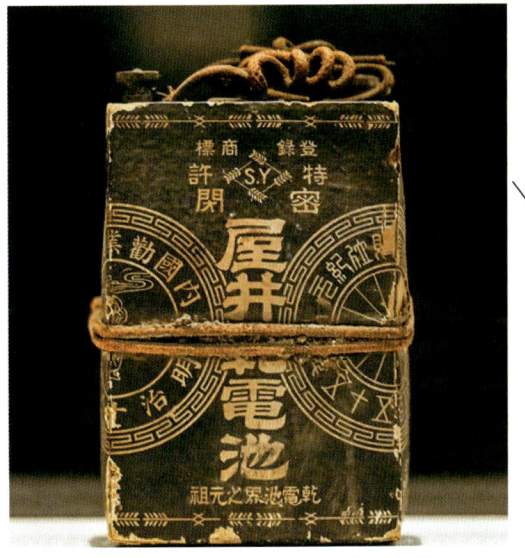

東京理科大学近代科学資料館所蔵「屋井乾電池」

持ち運べる電池

横約9cm、高さ約12cm、厚さ約5cmで、液漏れしないので持ち運べた。1894年の日清戦争でも軍に採用された。

時計のための乾電池の開発

正確な時計がなく試験に遅刻して大学を受験できなかった屋井先蔵さんは、正確な時計のための電池開発を志しました。当時の電池は、大きな容器に液体を入れたもので、液漏れや持ち運びにくさなどの欠点があったので、液体を使わない乾電池を開発しました。

屋井先蔵さん。「乾電池王」と呼ばれた。
一般社団法人電池工業会

万博で世界に注目される

当時の日本には、まだ電池を使う電気製品がほとんどなく、乾電池はあまり売れませんでした。しかし、1893年にアメリカ・シカゴで開催された万国博覧会で、帝国大学（現・東京大学）が出品した地震計に乾電池が使われていたことで、世界的に注目されることとなりました。

家の中のもの | 19

電卓（個人向け）

発売当時は、そろばんに似た横長タイプが好まれたよ。

カシオ計算機の関数電卓は、現在100か国以上で使われていて、世界の数学の授業で欠かせないんだって。

計算をすばやく正確に行ってくれる電卓（電子式卓上計算機）は、1972年の小型で安い製品の登場をきっかけに、家庭にも広まりました。その製品が、カシオ計算機が発売した「カシオミニ」でした。

コンパクトで持ち運びやすい

重さ315gというコンパクトさで持ち運びがラクにでき、屋外でも使えた。

低価格を実現

1台1万2800円。当時の電卓の約3分の1の価格を実現した。

電池で動く

単3電池を電源としたことでコンセントやコードが不要になった。

高価で重たいものだった電卓

1970年代の初めまで、電卓は高価で、重さが1kg以上あり、会社のデスクの上に設置して使うのが一般的でした。そんな中でカシオ計算機では、だれでもどこでも手軽に使える、安くて軽く、電池で使える電卓の開発を進めていました。

一家に一台を実現

当時の電卓は8けた以上の表示が主流でしたが、家庭用なので6けた表示で、小数点の入力もいらないという方針で、消費電力と価格をおさえました。こうして、「一家に一台」の電卓が実現しました。

このキーを押すと、7けた以上の計算結果や小数点以下の数値が表示される。

 家の中のもの | **20**

使い捨てカイロ

今は袋から出すだけで温かくなるカイロが使われているよ。

寒い冬に便利な使い捨てカイロは、実は日本生まれです。火や燃料を使わないので、安全で使いやすく、今では国内の多くの人に使われているだけでなく、世界各国にも輸出されています。

お菓子の会社がカイロを作っているなんて意外だね。

振るだけで使える

袋から出して振ると熱が出て、すぐに手や足を温めることができた。手軽さが喜ばれて広まった。

火を使わず安全

鉄の化学反応を利用して発熱しているので、燃料を入れたり、火を使ったりする必要がなく、臭いもなく安全だった。

発売当時の「ホカロン」。

 ## カイロの始まりは江戸時代

カイロの始まりは、江戸時代に石を温めてふところに入れた「温石」だといわれています。その後、明治時代には麻殻という木を燃やし、その炭を粉末にして固めたものを容器の中で燃やす「カイロ灰」が、大正時代にはベンジンという液体をゆっくり発熱させる「ベンジンカイロ」が使われるようになりました。

 ## 「ホカロン」の開発と販売

お菓子の会社であるロッテのグループ会社のロッテ電子工業（現・ロッテ）が、新しい携帯カイロを開発していた日本純水素（現・エア・ウォーター・メカトロニクス）と協力して1978年に商品化しました。主な販売先が薬局や薬店だったため、薬の商品名に多い「〜ン」をヒントに『ホカロン』と名づけられ、ヒット商品になりました。

家の中のもの | 21

ビーチサンダル

今でも発売時とほとんど同じデザイン・工程で作られているんだって。

海辺などを歩く時にはくことの多いビーチサンダルは、アメリカ人デザイナーと日本のゴム製品の会社が開発しました。当初はアメリカへの輸出用でしたが、日本でも売られるようになり、さらに世界に広がりました。

ぞうりとビーチサンダルの違い

日本の鼻緒付きのはき物である、ぞうりやげたは左右同じ形なのが一般的です。これに対しビーチサンダルは、左右の足に合う形になっています。さらに、面が平らではなく、かかとの部分を2mmほど高くし、はきやすさ、歩きやすさが重視されています。

©PIXTA　　ぞうり　©PIXTA

歩きやすい

弾力があって柔らかく歩きやすいので、長時間はいても疲れにくい。また、鼻緒を足の指にかけるので脱げにくい。

初めてのビーチサンダル、「ビーチウォーク」。

水に強い

ゴム製なので、水にぬれても大丈夫。海辺などではくのに向いている。

「ぞうり」をゴムで作りたい

第二次世界大戦後、アメリカから日本に来ていたデザイナーのレイ・パスティンさんが、日本の伝統的なはき物であるぞうりを見て、これを丈夫なゴムで作りアメリカに広めたいと考えました。その注文を受けた兵庫県神戸市（現・兵庫県明石市）の内外ゴムが開発に取りかかりました。

ビーチサンダルの誕生

内外ゴムは、1952年に世界初のビーチサンダル「ビーチウォーク」を開発しました。それには、ゴムを空気の泡（気泡）でふくらませたスポンジゴム、それも泡が独立した独立気泡スポンジが使われており、つぶれにくいという特長がありました。

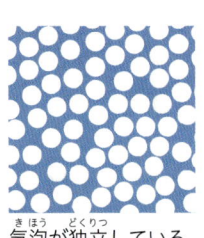

気泡が独立している様子。

3章
しょう

街にあるもの
まち

二次元コード

白と黒の四角いセル（点）の組み合わせで
多くの情報を記録し、それをスキャナや
スマートフォンなどで読み取ることによって、
インターネット上のサイトに接続したり、
店での支払いをしたりできるマークを
二次元コードといいます。
もともとは、自動車をはじめとする
製造業での生産管理や、
店の在庫管理などの物流分野の効率化のために
考え出されました。今では日本国内だけでなく、
世界中で広く使われるようになりました。

バーコードをこえる
情報量を

　1980年代まで工場などでは、製品を管理するために、白と黒の線の幅で情報を書き込むバーコードが使われていました。しかし、バーコードは横方向にしか情報をもたないため、最大20文字程度の英数字しか記録できませんでした。

情報をもつ

情報をもたない

一次元コード（バーコード）

縦と横に情報を

　自動車部品を扱うデンソー（当時は日本電装）では、バーコードなどの読み取り機の開発を手がけていました。インターネット時代を見すえ、その技術を生かして縦と横の二次元に情報をもち、高速で読み取れる二次元コードの開発に取り組みました。さまざまな研究を重ね、約2年で最初の二次元コードであるQRコードを開発しました。QRコードは、バーコードより小さくても数百倍の情報をもつことができ、漢字や仮名の記録もできます。

QRコードは、株式会社デンソーウェーブの登録商標です。

情報をもつ

情報をもつ

二次元コード（QRコード）

初めは、工場での部品の管理を効率よくするためのものだったよ。

デンソーが開発した二次元コードは、QRコードと呼ばれるよ。

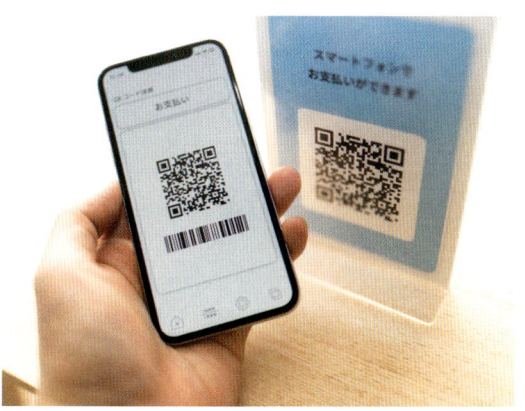

©PIXTA

1994年

QRコードを開発

1167けたの数字を扱うことができた（モデル1）。その後、コードがゆがんでも読み取れる改良版（モデル2)が作られた。

モデル1

モデル2

2002年

QRコードを読み取る携帯電話が登場

アフロ

携帯電話でQRコードを読み取れるようになり、インターネットのサイトのアクセスや、クーポンの入手などが簡単になった。

2010年～

世界中に広まる

スマートフォンの普及とともにQRコードの読み取りや生成ができるアプリが簡単に入手可能になり、QRコードの利用が世界中に拡大した。

ここが スゴい！

情報量が増えた

バーコードより小さくても、数十倍から数百倍の情報を記録できる。

汚れなどに強い

誤り訂正機能があるので、よごれや欠けがあってもデータを復元しやすい。

汚れがある例

欠けがある例

よごれや欠けがあっても読み取れるのだね。すごい!!

どの方向からもすばやく読み取れる

360°どの方向からも情報を読み取ることができる。

多種類の情報を記録できる

数字、英文字、漢字、仮名など、さまざまな種類の情報を記録できる。

切り出しシンボルの秘密

QRコードの隅には、切り出しシンボルと呼ばれる3つの四角い印があります。この印によって、QRコード読み取り機（スキャナ）がコードの位置を正確にすばやく見つけることができます。また、ちらしや雑誌、段ボールなどにある文字や図形と間違えないようにするため、切り出しシンボルの白黒部分の幅の比率は、印刷物の中でほとんど現れない比率になっています。

切り出しシンボル

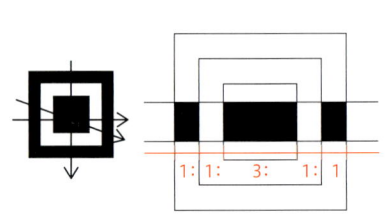
1：1：3：1：1

白と黒の比率は、どの方向から見ても1：1：3：1：1になっている。

世界を変えた！

どこでもだれでも
自由に使えるようにした！

　デンソーは、新しく開発した二次元コードを、「Quick Response（すばやい反応）」という言葉の頭文字から「QRコード」と名づけました。そして、世界の各国で特許を取りましたが、コードの作成や使用は無料としました。そのおかげで、QRコードは、世界に普及していきました。

たった5人のチームで開発したそうだよ。

QRコードの特許証。

QRコードの利用が
最も普及している中国

　日本で生まれたQRコードですが、現在では海外でのほうが普及しています。
　特に中国では、9割近くの人が支払いや銀行などとの取り引きでQRコードを使用したことがあるという調査結果があります（2021年時点）。レストランや交通機関の利用などで使うほか、会社の入退室時にも利用されています。新型コロナウイルス感染症が流行していた時期は、出入国の際の健康状態の申告にもQRコードが利用されていました。

サイネットフォト

中国では、屋台などでの支払いにもQRコードを利用することがある。

これからも利用される場面がどんどん増えていくだろうね。

食品サンプル

店頭などに陳列される、その店の料理を
本物のように再現した模型を、
食品サンプルといいます。
食品サンプルを使うと、料理の内容がぱっと
伝わるので、メニュー代わりにもなり
とても便利です。
食品サンプルの陳列は、
日本で生まれ、日本で広まったもので、
海外ではほとんど見かけません。
現在はこの製造技術を利用して作られた、
アクセサリーなどの雑貨の
人気も高まっています。

日本人の手先の
器用さが生み出した
技術だね。

実物を見本にしていた時代

　大正時代、百貨店の食堂などで西洋料理が提供されるようになりました。日本人は西洋料理を見慣れていなかったので、料理の実物を見本で置いたところ好評で、売り上げが大きく伸びました。しかし、実物ではすぐに質が落ちて見た目が悪くなってしまって、何度も作り直す必要があったので、次第に模型が作られるようになりました。

食品サンプルの事業化

　昭和時代初め、食品サンプルはまだ本格的に事業化されていませんでした。岩崎瀧三さんは、さまざまな試行錯誤を重ねて製造方法を確立し、大阪市で岩崎製作所を創業しました。そして、食品サンプルを全国に広めるとともに、飲食店に設置した食品サンプルケースの中に飾るという日本独自のスタイルの普及に貢献しました。

1920年ごろ

『大東京寫眞帖』より
出典：国立国会図書館ウェブサイト
(https://dl.ndl.go.jp/pid/3459985)

実物を置いていた時代

西洋料理は、名前だけではどんな料理かわかりにくいため、実物を置いた。

1930年ごろ

食品サンプルの登場

ろうを使って、細かいところまで本物そっくりな食品サンプルが作られるようになった。

岩崎瀧三さんが最初に作ったオムレツの食品サンプル。

1980年ごろ

ろうから合成樹脂へ

熱に弱いろうに代わって、長持ちする合成樹脂（プラスチック）で作られるようになった。

文字だけのメニューではわかりにくいけれど、食品サンプルがあるとわかりやすいよね。

ここが スゴい！

料理の内容がわかりやすい

店の料理がどのようなものか、見ただけでわかる。言葉がわからなくても理解してもらえる。

見本があれば、どんな食品サンプルでも作れるそうだよ。

本物そっくり

料理の実物から型取りをして、一つずつ形の調整や色づけをするので、本物らしくできる。

目を引きやすい

見る人の目を引きやすく、「食べたい」、「買いたい」といった気持ちを引き出すことができる。

長期間使える

傷まず壊れにくいので、長い間陳列できる。

食品サンプルができるまで

同じ料理でも店によって見た目が違うので、食品サンプルは職人の手作りが基本です。

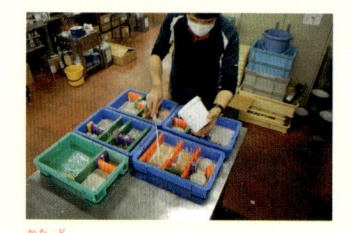   

型取り
実際の食材にシリコン樹脂をかけて型を取る。固まったシリコンから食材を抜くと型が完成。

合成樹脂の流し込み
型に液体の合成樹脂を流し込んで加熱する。合成樹脂が固くなったら型から出す。

色つけ・盛りつけ
エアブラシや筆で、それぞれの部品に色をつける。できた部品を、実物のように盛りつける。

外国人観光客に大人気

海外にはほとんどない食品サンプルは、繊細でかわいい日本の文化の一つとして外国人に大人気です。日本を訪れた外国人が、食品サンプルや、食品サンプルをモチーフにしたアクセサリーなどをお土産として買って帰ることも多いようです。また、食品サンプルの製作体験は外国人にも人気です。

食品サンプル製作体験に参加する外国人。

食品サンプルは、日本らしいお土産なんだね。

韓国の飲食店に置かれている食品サンプル。

サイネットフォト

海外でも食品サンプルの展示会が開かれることもあるよ。

韓国や中国に伝わった食品サンプルの文化

1958（昭和33）年に、ステーキの食品サンプル3000個がアメリカ向けに輸出されたことがあります。しかし、これは料理の見本ではなく、景品として使われました。その後、1988（昭和63）年に韓国でソウルオリンピックが開かれたころから、韓国の飲食店で食品サンプルが置かれるようになりました。このほか、中国の上海などの飲食店でも食品サンプルの利用が広まっています。

点字ブロック

目の不自由な人のために、歩道や駅のホームなどに
敷かれている点字ブロックは、正式には
「視覚障害者誘導用ブロック」といいます。
1965年に岡山県岡山市の発明家が開発したもので、
その後日本全国に広まりました。
目の不自由な人を交通事故などから
守る点字ブロックは、今では世界各国にも
敷かれるようになっています。

目の不自由な人を危険から守りたい

　岡山市の発明家、三宅精一さんは、白いつえを持って
歩く目の不自由な人が、自動車に接触しそうになる様子
を見て、安全のために車道と歩道の境を示すことができ
ないものかと考えました。知り合いの目の不自由な人か
ら「地面のこけと土の境が、靴を通してわかる」と聞き、
凹凸のあるブロックを道路に敷くアイデアを思いつきま
した。

でっぱりのある点字ブロックを開発

　三宅さんは、でっぱりのあるコンクリートの板を試作
し、でっぱりの形や数をいろいろ変えて試しました。そ
の結果、縦7つ×横7つのでっぱりのあるものが適して
いるとわかり、1965年に点字ブロックを開発しました。
1967年に初めて、県立岡山盲学校近くの交差点に、
230枚が敷かれました。

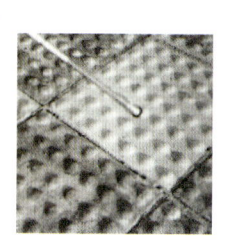

1967年当時の点字ブロック。
一般財団法人　安全交通試験研究センター

でっぱりが、
点字のようだったので
点字ブロックと
名づけたそうだよ。

1967年　点字ブロックが敷かれる

1965年に三宅精一さんが考案。1967年に岡山市内の盲学校近くに設置された。

一般財団法人　安全交通試験研究センター

1970年　駅のホームに設置される

一般財団法人
安全交通試験研究センター

大阪府の阪和線我孫子町駅のホームに設置される。

©PIXTA

現在は、縦5つ×横5つのでっぱりがあるものが多いよ。

2012年　国際規格が定められる

サイネットフォト

日本のJIS規格をもとに、点字ブロックの国際規格が定められた。

3章　街にあるもの

ここが スゴかった！

足の感覚でわかる

表面のでっぱりは、靴をはいていても感じるので、視覚障害者にもわかりやすい。

見分けやすい色

歩道やホームに設置したときに最も目立つ黄色をしている。目が見えにくい人や色の区別がつきにくい人にもわかりやすい。

©PIXTA

公共施設内に設置されていることもあるね。

健常者の目印にもなる

駅のホームで、安全のためにそれ以上出てはいけない位置を示すことができる。

視覚障害者が安全に歩ける

目の不自由な人が、補助なしで、自立して移動することの手助けになっている。

2種類の点字ブロック

点字ブロックは、でっぱりの形が異なる2種類があり、使い分けられています。

2種類の違いがわかりやすいね。

誘導ブロック（線状ブロック）
線が並んだ形で、進行方向を示す。 ©PIXTA

警告ブロック（点状ブロック）
点が並んだ形で、階段や横断歩道の前、誘導ブロックが交差する所など、危険な場所を示す。

©PIXTA

150か国以上で導入される

点字ブロックを開発した三宅精一さんは、日本だけでなく海外にも広まってほしいと願っていましたが、1982年に亡くなりました。その志を引きついだ弟さんが、点字ブロックの研究を続け、2001年に標準化※を実現しました。アメリカ、イギリス、ロシア、中国などでも点字ブロックを導入する動きが広まり、現在は150か国以上で設置されています。

イギリスの鉄道のホームの点字ブロック。　©PIXTA

日本の発明が安全に役立っているね。

※標準化…一定のルール（標準）に従って形や寸法を決めることで安全に利用できるようにすること。

3章　街にあるもの

黄色ではない!?
海外のさまざまな点字ブロック

ゴム製の誘導ブロック（フランス）。

日本から海外に広まった点字ブロックですが、それぞれの国の事情によって、色や材質、でっぱりの形などに差があります。フランスやイギリスなどヨーロッパの国では景観との調和を考え、グレーや茶系の点字ブロックが使われることが多いようです。また、フランスでは、歩いた時により足に感じやすいように、ゴム製の誘導ブロックを使っています。フィンランドやベルギーでは、ブロックではなく、埋め込み型のでっぱりも多いようです。

国によって、違いがあるんだね。

Alamy/アフロ

埋め込み型の誘導ブロック（フィンランド）。

カラオケ

事前に録音された伴奏に合わせて
歌を歌う「カラオケ」は、
1970年代前半に日本で登場しました。
1980年代には全国で流行し、
カラオケ機器が進歩しました。
その後もカラオケボックスなどの
カラオケ専門店や、通信カラオケの
登場というように発展しました。
日本での進化とともに、海外でも
カラオケが楽しまれるようになり、
各国の文化を反映した形で
カラオケが広く親しまれています。

カラオケは、なくてはならない娯楽の一つだよね。

始まりは歌の練習用テープ

　カラオケの発明者とされるのは、バンドマンだった井上大佑さんです。井上さんは、知人に「歌の練習用のテープを作ってほしい」と頼まれ、歌がない演奏だけが入ったテープを作成したところ、とても喜ばれました。そこで、伴奏テープとジュークボックス※を組み合わせた機器を手作りし、レンタルを始めました。これが業務用カラオケの誕生でした。

カラオケボックスの登場

　カラオケの機器は、当初は飲食店などに置かれ、カラオケは客が飲食を楽しみながらついでに歌も楽しむものでした。やがて、個室でカラオケで歌うことができる、カラオケ専門店、いわゆるカラオケボックスが登場し、各地に広がり、カラオケを楽しむ人が増えていきました。

※ジュークボックス…有料で好きな曲を選んでかけることのできる自動販売機の一種。

1971年

業務用 カラオケが登場

曲の入ったカセットを差し込む形式だった。1個のカセットに8曲入っていた。

8トラックのカラオケ機。
写真：毎日新聞社／アフロ

1982年

映像付き カラオケが 登場

モニター（テレビ）に歌詞入りの映像が流れるようになった。

写真提供：パイオニア株式会社

こころざしをはたして
いつの日にか帰らん

写真提供： JOYSOUND

1992年

通信カラオケが登場

歌える曲数が増え、コンパクトになった。最新のヒット曲がすぐ歌えるようになった。

写真提供： JOYSOUND

「カラオケ」は、「空の（歌がない）オーケストラ」という意味から作られた言葉だよ。

ここが スゴい！

手軽に歌を歌える
伴奏用の音楽を人に代わって演奏してくれるので、安い料金で歌を歌える。

歌いやすい
プロ歌手用の伴奏と違い、普通の人が歌いやすいように作られた伴奏が流れる。

大声で歌を歌うと、ストレス発散にもなるね。

写真提供： JOYSOUND

楽しい機能付き
歌の採点や音声変換などの機能が付いているものもある。

音の高さなどを調節できる
音の高さやテンポ、スピードなどを、歌いやすいように変えられる。また、声にエコーをかけるなどの演出もできる。

広がる多様な楽しみ方

現在のカラオケは、家で楽しむ、一人で楽しむ、仮想空間で楽しむなど、いろいろな楽しみ方ができるようになっています。

スマートフォンやパソコン、タブレットなどを使って、家で歌える「おうちカラオケ」。

写真提供： 第一興商

少人数向けの小型カラオケボックス。

写真提供： 第一興商

スマートフォンなどを通して何人かが仮想空間に集まって歌えるメタバースカラオケ。

KDDI・αU metaverse

カラオケは世界でも「KARAOKE」

台湾のカラオケ店の看板。中国語ではカラオケを「卡拉OK」と書き、「カラオケ」と読む。　アフロ

　日本で生まれたカラオケは、娯楽として世界各国に広まり人気になりました。英語をはじめ、フランス語、イタリア語、中国語などでも『KARAOKE』と呼ばれています。

　カラオケのシステムを考案した井上大佑さんはアメリカの週刊誌『タイム』が選ぶ「20世紀に最も影響力のあったアジアの20人」の一人に選ばれています。

「カラオケ」は世界で使われる言葉になったんだね。

世界の国・地域に合ったカラオケの楽しみ方

アメリカのパブに置かれているカラオケ機器。アメリカでは、お客さんみんなで盛り上がることが多い。
サイネット

日本から輸出された娯楽のひとつだね。

　カラオケは、1980年代から世界に広まり、それぞれの国・地域でさまざまな形に変わっていきました。アメリカやヨーロッパ諸国では、パブやバー、レストランなどで、ほかの人もいる前で歌い、お客さんみんなと盛り上がる楽しみ方が多いようです。

　一方、韓国、中国、台湾などのアジアの国・地域では、日本と同じようにカラオケボックスなどで仲間と楽しんだり、「一人カラオケ」をしたりするのが人気なようです。

内視鏡（胃カメラ）

おなかを切らなくても
おなかの中が
見られるんだね。

内視鏡（胃カメラ）とは、胃や腸の様子を見て調べて
病気の発見や治療に生かす医療器具です。
世界初の実用的な内視鏡は日本で生まれ、
小型カメラの付いた先端を胃に入れて内部を撮影し、
あとでフィルムを現像するというものでした。
現在では、ビデオカメラを胃に入れ、
中の様子をその場でモニターに映し出せる
ビデオスコープなどに進化しています。

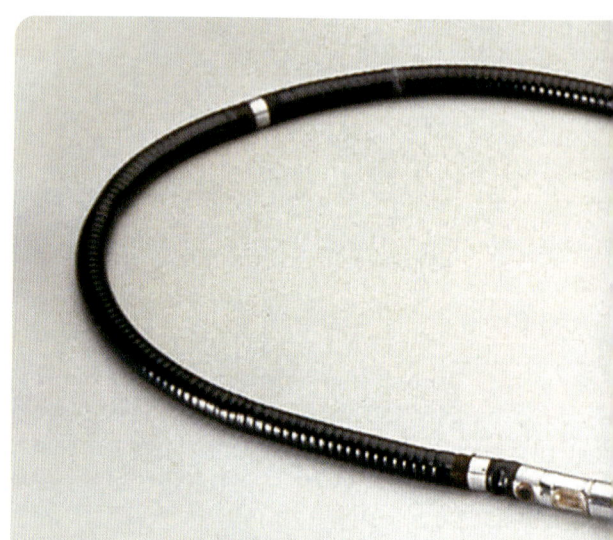

💡 胃の中を撮影したい

　ある医師からの「日本人に多い胃がんを治したい。胃の中を写せるカメラがほしい」という依頼を受け、オリンパス光学工業（現・オリンパス）で、胃カメラの開発がスタートしました。体の中に入れる部品を小さくしたり、柔らかくしたりするなど、研究や実験を繰り返し行い、1952年に、世界初の実用的な胃カメラが誕生しました。

💡 その場で直接観察できるように

　当初の胃カメラでは、撮影してから現像までに時間が必要で、診断にも時間がかかりました。この問題を解決したのが、ファイバースコープでした。柔らかく曲がり、光を通すガラス繊維である「光ファイバー」を用いることで、その場で直接体の中をのぞきながら観察することに成功しました。

💡 複数人で同時に見られるように

　その後、胃に入れる部分の先端にCCD（撮像素子）を組み込んだビデオスコープが開発されました。ビデオスコープは、スコープの先端にあるビデオカメラが撮った胃の中の映像をテレビモニターに映し出せます。そのおかげで複数の医師や看護師がその場で胃の中の画像を共有できるようになり、診断の精度が飛躍的に向上しました。

1952年 実用的な内視鏡を開発

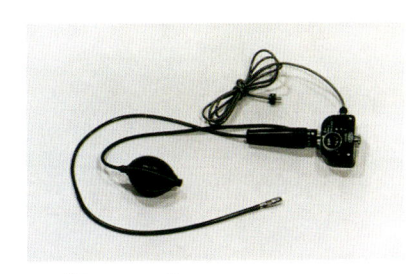

より細くなった胃カメラ。

曲がる管の先に直径5mmのレンズが付き、フィルムは白黒だった。その後の改良でより細い内視鏡が開発された。

初めて開発された内視鏡（胃カメラ）。

1964年 ファイバースコープの登場

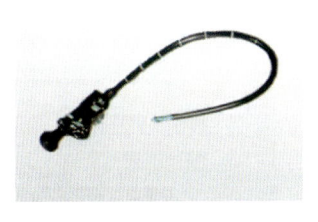

医師がその場で直接胃の内部を観察できるようになった。

1985年 ビデオスコープの登場

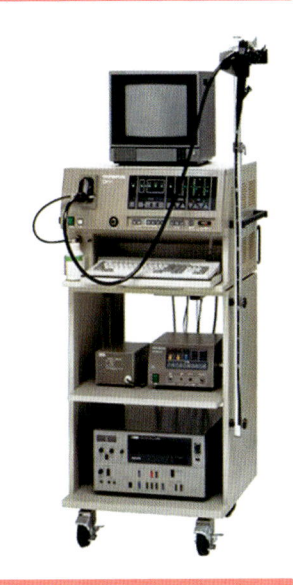

ビデオカメラを内視鏡に組み込み、複数の人が同時に画像を見られるようになった。

胃の中は暗いから、スコープの先端から光を出し明るく照らしているんだよ。

ここが

スゴい！

病気を発見しやすい

体の内部を直接見ることができるので、がんなどの病気を発見しやすい。

悪いところを早く見つければ、治療が早くできるね。

鮮明な画像

鮮明な画像で、複数の人が同時に体の内部の様子を見ることができる。

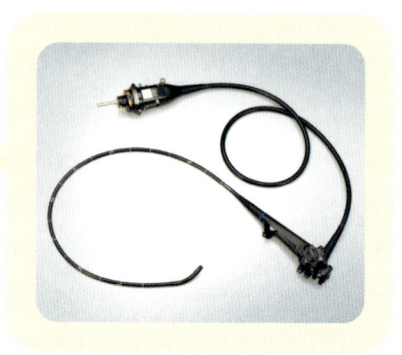

体内に入れるビデオスコープ。

体への負担が少ない

体を切らなくても体の中を見ることができ、体への負担を小さくできる。

手術もできる

内視鏡を使って、内臓や関節などの病気の手術もできるようになった。

進化し続ける内視鏡

最初の内視鏡（胃カメラ）が開発されて以来、研究開発が進み、性能の高い内視鏡が次々に開発されました。

最近では、小さな血管の集まりを発見してがんを早期発見するNBI（狭帯域光観察）内視鏡が登場しています。

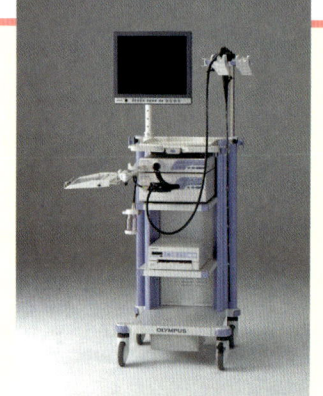

NBI（狭帯域光観察）内視鏡ビデオスコープシステム。

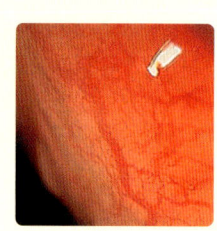

通常の光で見た食道内。

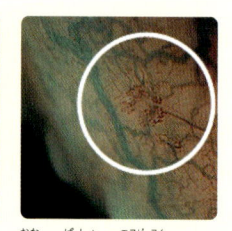

同じ場所をNBIで見た画像。

画像提供：井上晴洋先生（昭和大学江東豊洲病院）

世界で使われる内視鏡の 99％以上が日本製!?

世界で初めて内視鏡を開発したオリンパスをはじめ、いくつかの日本企業が内視鏡製造を手がけています。現在、世界の内視鏡の99％以上を日本企業の製品が占めています。

高度な技術によって開発された内視鏡は、日本だけでなく世界の多くの人たちの病気の早期発見や治療に役立っています。

内視鏡の世界シェア

外資系 0.9％
米国系 0.9％

1209億円

日系 98.1％

NEDO「平成28年度日本企業のモノとサービス・ソフトウェアの国際競争ポジションに関する情報収集」

※構成比は小数点以下第2位を四捨五入しているため、合計しても必ずしも100とはなりません。

日本製の内視鏡が世界の医療に役立っているね。

3章 街にあるもの

内視鏡がさらに多くの人の治療に役立つといいね。

中国のトレーニングセンター。

世界各国での内視鏡の普及に尽力

世界には、充分な医療が受けられずに命を落とす人も多くいます。内視鏡を世界に普及させることで多くの命を救いたいという願いから、オリンパスは世界各国に最新医療機器を使った治療などの訓練ができるトレーニングセンターを開設し、内視鏡の構造や使い方などを教え、よりよい診断や治療を行うための訓練をしています。

ママチャリ自体も世界ではめずらしいよ。

電動アシスト自転車

人がこぐ力を電動機（モーター）で補う
自転車を電動アシスト自転車といいます。
1993年に日本の会社が
世界で初めて販売しました。
小さい子を乗せて走る際などに使われる
いわゆる「ママチャリ」の一つとして、
便利に利用されています。

「ママチャリ」も日本生まれ

自転車はもともと男性用の乗り物でしたが、1960年代、車輪を小さくして前かごを付けるなどの改良がされた、女性が乗りやすい自転車が開発されました。こうした自転車は「ママチャリ」と呼ばれ、日本で独自に発達しました。

初期の「ママチャリ」。1966年発売の「サブリナS」。

画像提供：ブリヂストンサイクル

世界初の電動アシスト自転車。
画像提供：ヤマハ発動機

坂道もラクラク

人がこぐ力を電動機が補助してくれるので、坂道をラクに登ることができる。

環境にやさしい

電気の力を利用するので、排出ガスがない。

免許不要の自転車を作りたい

ヤマハ発動機は、「人にやさしく、地球にもやさしい乗り物を作りたい」という願いのもと、電動アシスト自転車の開発に取り組みました。しかし、電動機の力が強すぎると、法律的に自転車ではなく原動機付き自転車（バイク）になり、運転免許が必要になるため、実現まで苦労しました。

人がこぐ力を補強するしくみに

開発チームは、人がペダルをこぐと、それをセンサーが検知し、電池から電力を送って電動機を回すしくみの自転車を開発しました。この試作品の自転車を交通ルールを決める警察などに見せて説明し、自転車であると認めてもらいました。こうして、1993年に世界初の電動アシスト自転車が登場しました。

世界中の信号機や
電光掲示板などで
使われているよ。

街にあるもの | 28

青色LED

発光ダイオード（LED）は、光を出す粒のことで、白熱電球などより少ない電力で光を出します。赤や黄緑の光を出すLEDは、1960年代から開発されていましたが、青を出すことは不可能といわれていました。しかし、日本人の研究者たちがこれに挑み、1993年に青色LEDを発明しました。

省エネで長持ちのLED

LEDは、電気を効率よく使うので、白熱電球などと比べると、とても長く使うことができ、環境に優しい照明といえます。

1球 LED電球 = 20球 白熱電球

3章 街にあるもの

白色LEDが作れるように

光の三原色（赤、緑、青）がそろい、明るく省エネルギーな白色LEDが作れるようになった。

3色を混ぜると白色光ができる。

青色LEDを使ったイルミネーション。 ©PIXTA

スマートフォンの小型化を実現

LEDは他の光源よりも小型化が可能なため、LEDを使用するスマートフォンの小型化にもつながっている。

だれもできなかった青色LED

青色LEDの開発は多くの科学者が挑みましたが実現できませんでした。そんな中で、研究者の赤﨑勇さんと天野浩さんが、2年間で1500回以上の実験をし、1986年に青色LEDに必要な高品質結晶を作り出す技術を開発しました。

青色LEDの実用化に成功

赤﨑さん・天野さんの成果をもとに、化学会社で研究を進めていた中村修二さんが、1993年に世界初の実用的な青色LEDを作り出しました。3人の開発者はこの功績によって、2014年にノーベル物理学賞を受賞しました。

街にあるもの | 29

新幹線

新幹線の開通で、当時移動に必要な時間が半分以下になったよ。

最高速度が時速200kmを超える高速鉄道である新幹線は、1964年に日本で誕生しました。新幹線の誕生に刺激を受け、各国の高速鉄道の開発も進みました。また、新幹線の技術が輸出されている国・地域もあります。

より速い リニア中央新幹線

日本の高速鉄道の技術はさらに進み、将来は、時速500kmで走るリニア中央新幹線が東京（品川）—名古屋間で開業する予定です。

リニア中央新幹線の車両。磁石の力で浮き上がって走る。

©PIXTA

高速で走る

新幹線の開業当時は時速210kmで世界最高の速度だった。現在は国内での最高時速が320km。

揺れが少ない

揺れや騒音を少なくする装置が使われている。

1964年の開業時に走った東海道新幹線0系列車。　©PIXTA

安全性が高い

専用の線路を走るため踏切がなく、事故が起こりにくい。また、制限速度を超えたり、他の車両が近づいたりすると、自動的にブレーキがかかるシステムが導入されている。

東京オリンピックとともに

戦前に一度、高速鉄道が計画されましたが、戦争のために中止されました。戦後、日本の経済が急成長すると、東海道線の輸送力を増やす必要が生じ、1964年の東京オリンピック開催に合わせて東京—新大阪間を走る東海道新幹線が開業しました。

各地に路線がのびる

その後、山陽・東北・上越・北陸新幹線や、在来線を走る山形・秋田新幹線などが次々に開通し、路線が増えていきました。2007年に台湾で開業した台湾高速鉄道は、日本の新幹線の車両と運行管理システムの輸出によって誕生しました。

台湾高速鉄道の車両。　©PIXTA

自動改札機

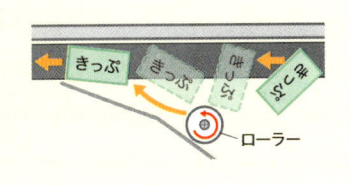

世界一の鉄道大国といわれる日本ならではの発明だね。

切符や定期券の情報をすばやく確認してくれる自動改札機は、1967年に大阪府の阪急千里線・北千里駅に世界で初めて設置され、次第に成長し、全国の鉄道駅などに広まっていきました。

切符が整列する理由

自動改札機は、どのような向きで切符を入れても縦向きに出てきます。これは、ベルトとローラーが働くことで、切符を縦向きに整列させるしくみがあるからです。

きっぷ ← ローラー

狭いスペースに設置できる

狭い幅で設置できるので、たくさんの通路を作ることができる。

0.6秒で出てくる

人が改札を通り抜けるのにかかる時間とほぼ同じ時間で確認完了する。

駅の混雑解消のために

1960年代の高度経済成長期には、駅はとても混雑していました。改札では駅員が切符や定期券を確認していましたが、混雑解消と人手を省くために機械化が検討されました。電気機器会社の立石電機（現・オムロン）などが、改札を通る人の流れを変えずに機械化する取り組みを始め、1967年に実現しました。

1967年に開業した大阪・北千里駅に設置された自動改札機。
画像提供：阪急電鉄

磁気で読み取る方式に

当時の自動改札機は、硬い紙製の切符はバーコードで、硬くて分厚いプラスチック製の定期券はパンチ穴で読み取っていました。しかし、乗り換え路線が多いと、穴の組み合わせだけでは区別がつけられず、1971年には、切符も定期券も磁気の情報を読み取る方式を導入しました。

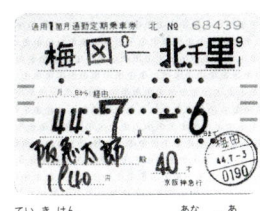

定期券は、パンチ穴が空いていた。
画像提供：阪急電鉄

発明年表

しょうゆ

ビーチサンダル

インスタントラーメン

蒟子パン
蚊取り線香

食品サンプル

菓子パン

内視鏡(胃カメラ)

まんが

～1900	1910	1920	1930	1940	1950	1960

乾電池

パン粉

カッターナイフ
点字ブロック

新幹線

協力企業・団体

日清食品ホールディングス株式会社／東洋水産株式会社／エースコック株式会社／大塚食品株式会社／UCCジャパン株式会社／近畿大学水産研究所／キッコーマン株式会社／学習院大学／株式会社木村屋總本店／株式会社伊藤園／株式会社NTTドコモ／ソフトバンク株式会社／株式会社パイロットコーポレーション／株式会社小学館／株式会社集英社／株式会社手塚プロダクション／植田まさし／読売新聞社／株式会社講談社／高山寺／任天堂株式会社／株式会社スクウェア・エニックス／TOTO株式会社／仲畑貴志／葛西薫／若山和央／株式会社ジャムコ／中日本ハイウェイ・エンジニアリング東京／Dynabook株式会社／国立研究開発法人理化学研究所／アース製薬株式会社／大日本除虫菊株式会社／オルファ株式会社／東京理科大学／一般社団法人電池工業会／旭化成株式会社／カシオ計算機株式会社／株式会社ロッテホールディングス／内外ゴム株式会社／株式会社デンソーウェーブ／イワサキ・ビーアイ／一般財団法人安全交通試験研究センター／株式会社エクシング（JOYSOUND）／株式会社第一興商／パイオニア株式会社／KDDI株式会社／オリンパス株式会社／昭和大学江東豊洲病院／ヤマハ発動機株式会社／ブリヂストンサイクル株式会社／東海旅客鉄道株式会社／阪急電鉄株式会社／オムロン株式会社

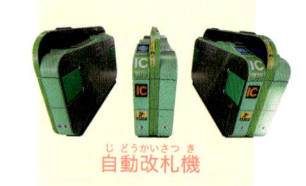
自動改札機

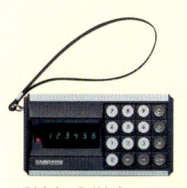

でんたく こじんむ
電卓（個人向け）

えもじ
絵文字
© NTT DOCOMO, INC.

フリクションペン

カラオケ

ノートパソコン

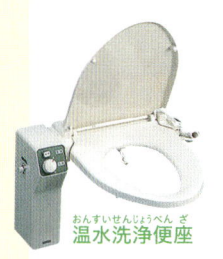

おんすいせんじょうべんざ
温水洗浄便座

でんどう じてんしゃ
電動アシスト自転車

| 1970 | 1980 | 1990 | 2000 | 2010 | 2020 |

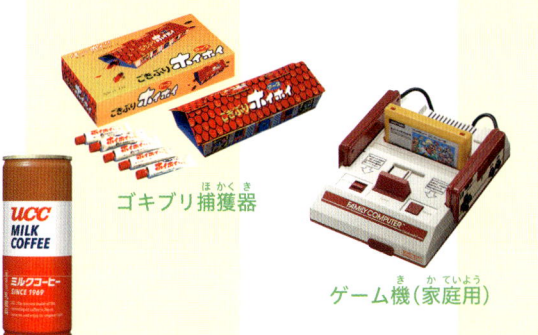

ゴキブリ捕獲器
はかくき

にじげん
二次元コード

トゥー ビー コンティニュード
to be continued...
はつめい
（まだまだ発明はつづく）

かん
缶コーヒー

ゲーム機（家庭用）
き かていよう

あおいろ エルイーディー
青色 LED

かんぜんようしょく
完全養殖クロマグロ

レトルト食品
しょくひん

りょくちゃいんりょう
緑茶飲料

つか す
使い捨てカイロ

[ブックデザイン]
川村哲司（atmosphere ltd.）

[イラスト]
404illustration、合資会社イラストメーカーズ

[図版]
合資会社イラストメーカーズ

[執筆・編集]
有限会社大悠社

[校正]
阿部薫、鈴木瑞穂、敦賀亜希子、村西厚子

[写真提供]
アフロ、サイネット、PIXTA、Shutterstock、
髙橋桃子、ご監修いただいた企業様（p.94）

[企画編集]
中岡美雪

[主な参考文献]

『そこが知りたい！発明と特許①発明・特許ってなんだろう?』（筑摩書房）

『そこが知りたい！発明と特許②きみにもなれるよ、発明家!』（筑摩書房）

『世界に誇る！日本のものづくり図鑑』（金の星社）

『日本の発明・くふう図鑑』（岩崎書店）

『ニッポンはじめて物語 世界初・日本初のヒット商品を生んだ開発者の熱き魂』
（東京ニュース通信社）

『話してみたい！伝えてみたい！ニッポンのこと1』（教育画劇）

『科学がひらくスマート農業・漁業4 魚をそだてる海の牧場』（大月書店）

『マグロのふしぎがわかる本 水産総合研究センター叢書』（築地書館）

『写真とデータでわかる 平成時代⑥平成のくらしと文化』（時事通信社）

『アイコンデザインのひみつ 洞窟壁画からスマートフォンまで』（翔泳社）

『日本マンガ全史 「鳥獣戯画」から「鬼滅の刃」まで』（平凡社）

『世界文化シリーズ別巻2 マンガ文化55のキーワード』（ミネルヴァ書房）

『カラオケ秘史』（新潮社）

『カラオケを発明した男』（河出書房新社）

『白いツツジ-「乾電池王」屋井先蔵の生涯』（PHP研究所）

その他、多くの新聞、雑誌記事、Webページなどを
参考にさせていただきました。

NDC 602　特別堅牢製本図書

スゴイゾニッポン
世界を変えた！
日本の発明品
30選

Gakken　2025　96p　31.6cm
ISBN　978-4-05-501440-3　C8630

スゴイゾニッポン
世界を変えた！
日本の発明品30選

2025年2月11日　第1刷発行

監　修　　ルース・マリー・ジャーマン
発行人　　川畑勝
編集人　　志村俊幸
編集担当　中岡美雪
発行所　　株式会社Gakken
　　　　　〒141-8416　東京都品川区西五反田2-11-8
DTP　　　株式会社四国写研
印刷所　　株式会社広済堂ネクスト

この本に関する各種お問い合わせ先
● 本の内容については、下記サイトの
　お問い合わせフォームよりお願いします。
　https://www.corp-gakken.co.jp/contact/
● 在庫については、tel.03-6431-1197（販売部）
● 不良品（落丁、乱丁）については
　tel.0570-000577 学研業務センター
　〒354-0045　埼玉県入間郡三芳町上富279-1
● 上記以外のお問い合わせは
　tel.0570-056-710（学研グループ総合案内）